# VENIR EN CE LIEU

Du même auteur :

*Saint-Denys-Garneau et ses lectures européennes*, essai, Presses de l'Université Laval, 1969.

*L'univers du roman* (en collaboration avec Réal Ouellet), essai, Presses Universitaires de France, 1972.

*Les critiques de notre temps et Giono*, essai, Garnier, 1977.

*Passage de l'ombre*, poésie, Parallèles, 1978.

*Reconnaissances*, nouvelles, Parallèles, 1981.

*Antoine Dumas*, essai, Stanké, 1983.

*Mémoires du demi-jour*, nouvelles, L'instant même, 1990.

*Chronique des veilleurs*, nouvelles, L'instant même, 1994.

*Le chemin du retour*, roman, L'instant même, 1996.

ROLAND BOURNEUF

# Venir en ce lieu

essai

L'instant même

Maquette de la couverture : Anne-Marie Guérineau

Illustration de la couverture : Roberto Pellegrinuzzi, *Cible/Viseur (diptyque),* 1996
Bois de merisier et plexiglas (91,5 × 91,5 cm)
Collection Prêt d'œuvres d'art du Musée du Québec (CP.97.75)
Photographie : Musée du Québec, Jean-Guy Kérouac

Photocomposition : CompoMagny enr.

Distribution pour le Québec : Diffusion Dimedia
539, boulevard Lebeau
Saint-Laurent (Québec) H4N 1S2

Pour la France : La Librairie du Québec
30, rue Gay-Lussac
75005 Paris

Dépôt légal — 3ᵉ trimestre 1997


**Données de catalogage avant publication (Canada)**

Bourneuf, Roland, 1934-

   Venir en ce lieu

   ISBN 2-921197-78-2

   I. Titre.

PS8553.O859V46 1997          C844'.54          C97-941021-5
PS9553.O859V46 1997
PQ3919.2.B68V46 1997


Nous remercions le Conseil des Arts du Canada de l'aide accordée à notre programme
de publication, ainsi que la Société de développement des entreprises culturelles du
Québec.

*À la mémoire d'Éric, mon fils*
*Puisses-tu être parvenu en ce lieu*
*de lumière et de paix*
*que tu as tant cherché*

Dès les premiers instants de notre vie, en même temps que des visages et des présences, nous reçoivent une chambre, une maison, d'autres maisons au long d'une rue ou d'une route, une ville peut-être, des arbres, un paysage. Nous y entrons peu à peu, pour en faire nos amis. Par le regard, par tous nos sens, nous parcourons ce décor, nous en traverserons de nouveaux, innombrables. Un jour, au moment d'un retour, ou en exil, nous comprenons que ce ne sont pas des décors. Notre cœur est resté là-bas, et il est ici également, car tout le sollicite, les érables, le fleuve devant la fenêtre, un lointain pays parcouru, la demeure chaude, un hôtel où l'on passe, les nuages sur les montagnes. Chaque matin amorce un périple familier, une habitude bien-venue, ou dont nous rêvons de nous libérer en partant vers d'autres horizons. Nous sentons, reconnaissons le sol sous nos pas, et c'est bon mais nous voudrions être ailleurs. Cela durera quelques dizaines d'années, jusqu'à l'ultime départ.

Franchir des distances et nous arrêter, sillonner des éten-dues, rencontrer les êtres qui les peuplent, avec quelques-uns faire un bout de chemin : notre vie est ainsi constituée, de mouvement et de pauses. Entre l'espace et nous se créent des rythmes, un dialogue, une action qui se poursuit. Une évidence s'impose : l'expérience de l'espace a contribué à faire de nous ce que nous sommes, des êtres distincts mais reliés, à nous donner une forme. Elle insère notre âme dans une réalité physique.

Des sciences s'appliquent à déceler comment un climat, un relief, un milieu influent, comme sur tout organisme, sur les humains et comment ils réagissent ; d'autres décrivent en quoi leurs mentalités, leurs rapports, leurs valeurs, voire leurs cosmogonies sont conditionnés par un espace physique. Mon propos n'est évidemment pas de cet ordre. Je me contente de regarder, parfois de contempler, de me souvenir, de laisser aller ma rêverie et d'appuyer sur elle ma réflexion.

Certains de ces lieux doués pour moi d'une irradiation particulière sont fréquentés presque chaque jour, à portée de marche ; d'autres, lointains. Longtemps privé de la possibilité de voyager, j'ai connu la boulimie des sites et des pays. Je ne rapporte pas ici des trophées ou des records, ni même des anecdotes ou les fragments d'un journal de voyage. J'ai couru le monde, mais toujours dans un confort relatif. Je ne méconnais pas au fond de moi l'errant qui imagine aventures et périls même si mes voyages n'ont pas exigé une audace exceptionnelle. Seulement du désir. Quelle est, plus exactement quelle fut la nature successive et variable de ce désir ? J'essaye aujourd'hui de la saisir. Je prête l'oreille à ce qui, en tel ou tel lieu, m'est dit.

L'intérêt que je porte à l'espace physique s'est manifesté diversement dans mon existence et dans mon activité. Enfant, j'ai été empêché de l'explorer librement — par les circonstances familiales, par la guerre, par la maladie qui m'enfermait des mois dans une chambre. Je me reliais par les bruits à la rue, à la cour d'une école voisine, à la ville. Tenu à une existence ralentie et repliée, j'ai longtemps été craintif et malhabile à bouger, à courir comme les autres enfants, à habiter mon corps. Long, difficile apprentissage. Le monde extérieur, si vaste, si lointain, m'apparaissait à la fois inquiétant et désirable. Je l'apprivoisais par les livres. Les voyages réels ont par la suite accompagné, sans les évincer, ceux que j'imaginais. Vint aussi la fréquentation des œuvres picturales, la pratique du dessin et celle, plus tardive, de la peinture. Au temps de mes recherches universitaires je m'interrogeais sur la représentation de l'espace dans le récit. Les livres et, à un degré moindre, les tableaux m'ont donc servi de ponts avec l'espace extérieur — comme ils m'ont éveillé à la perception plus aiguë de la réalité psychique. Ils furent les médiateurs, voire les initiateurs, qui se sont rencontrés quand j'en avais besoin.

Ils vont dans le droit fil d'un rapport esthétique au monde. Ce monde, je ne le vois pas comme à transformer, à posséder, encore moins à dominer, mais à regarder et à admirer. Infiniment, vertigineusement complexe, mobile, imprévu, apaisant ou troublant, et exaltant... Un tout petit coin de terre ou un continent m'appelle à connaître le monde en sa beauté, qui ouvre sur une autre beauté que je sais exister, à laquelle je n'ai pas accès. Mais les prémices, déjà, me paraissent d'une richesse sans fond...

J'essaye d'assembler, mais aussi de décanter. J'ai beaucoup lu, je crois avoir appris, un peu retenu, mais je reviens sur ces « acquisitions » et sur leur source. Que cette « culture » ne remplace pas — comme cela fut parfois le cas — le directement vécu mais s'y confronte et s'y marie. Je me suis ici efforcé d'observer une ligne de conduite : faire en sorte que j'aie *éprouvé* ce que j'avance, c'est-à-dire « mis à l'épreuve » et « ressenti ». Je ne veux pas seulement transmettre un héritage reçu mais le retravailler. Au cours de la rédaction de ces pages, patiente, lente et irrégulière, j'ai constaté que la part d'un savoir culturel acquis des autres cédait peu à peu devant une parole proche de moi. Je prends donc le parti d'être subjectif.

Une autre conviction s'est fait jour. Ces lieux de ma vie ne se sont pas rencontrés par hasard, et la carte, ou la mosaïque, qu'ils composent n'est pas fortuite. J'y vois le fruit d'une secrète nécessité, d'un appel réciproque entre ces lieux et moi. Nos pérégrinations dans le monde correspondent en fait à ce que Jung nommait la « circumambulation » autour de notre être profond. Le goût de revenir parmi des lieux de prédilection sur mes propres traces pour en mieux saisir le dessin, en espérant entrevoir où elles conduisent, rencontre sa raison d'être véritable : le projet de dresser une « topographie spirituelle » (la formule est de Louis Massignon). En certains lieux il s'est produit pour moi un ébranlement décisif, non réductible à un plaisir de touriste ou à une émotion d'observateur. Il existe, comme nous le savons, une topographie universelle de cet ordre, faite des hauts lieux de révélation pour toute l'humanité, mais chacun d'entre nous a la sienne propre et unique — à découvrir. Et chacun fait cette « expérience de l'espace », le plus souvent à son insu, et sans percevoir ses enjeux. Je tente de la rendre consciente, avec l'espoir que ceux qui me liront s'engagent dans la même aventure. La seule aventure qui compte. Car c'est bien de cela qu'il s'agit, d'un lent cheminement vers l'esprit, et sous son aile.

## GRANDS CHEMINS, PETITS CHEMINS

Il y eut pour moi au commencement, avec la maison, le jardin et la route. Un coin de terre pour l'enracinement, et une flèche vers ailleurs.

La « nationale », qui passait sous nos fenêtres, me disait le Nord — c'est-à-dire Paris, lieu presque inconnaissable, puis d'autres contrées, et d'autres pays au-delà —, et le Midi où l'on « descendait », et où il devait y avoir du soleil, des vacances, la mer. Une origine, une provenance essentielle, et une destination aléatoire : double inconnu lointain, hors de portée dans sa vastitude.

Un été, la guerre est venue par cette route. Des soldats en kaki fuyant parmi des civils épuisés, affamés, traqués. Puis des soldats en gris. Quelque chose d'énorme, d'incompréhensible, d'effrayant, qui s'étendait sur nous et qui, pendant des années, nous étoufferait.

Et puis des chemins conduisaient vers les jardins pour s'y perdre. Un autre inconnu, sous mes yeux, fait de terre entre l'ocre et le noir, de cailloux, de carrés de légumes, de fossés bordés d'orties, de saules tordus et de peupliers, de clôtures, de cabanes où l'on abritait les outils. À la périphérie d'une bourgade somnolente qui s'honorait cependant du titre de sous-préfecture, notre maison s'enclavait dans un faubourg à la jonction de la ville et de la campagne.

Ainsi étaient fixés le centre de mon espace géographique et ses limites — à peine quelques kilomètres carrés —, celles jusqu'où me portaient mes jambes d'enfant. J'imaginais bien que cette route, ces chemins en rejoignaient d'autres, se raccordaient, se ramifiaient. En de rares occasions le train enfumé et chuintant ou l'autobus dans une frénésie de cahots me transportait un peu plus loin, dans les rues de la préfecture ou dans d'autres chemins campagnards, mais comment les situer ? Le monde m'apparaissait ainsi comme il a dû si longtemps apparaître aux humains : un agglomérat d'habitations entourées de terrains vagues, ou de champs, ou de forêts, isolées, perdues comme des oasis dans un désert où l'on ne s'aventure que par l'effet d'un événement extraordinaire, voire d'un cataclysme. J'ai encore connu de ces ruraux qui n'allaient « à la ville » à vingt kilomètres qu'une fois l'an, ou même une seule fois dans leur vie pour le conseil de révision. Le désir qui lançait ma pensée sur les grands chemins et celui qui me faisait renouveler et, à l'occasion, allonger mes promenades, rendent palpable ce double mouvement de connaissance : plus loin et mieux. Je devais ainsi entrevoir l'homologie entre l'exploration d'un espace physique et l'accroissement de conscience : d'abord des foyers isolés, puis des réseaux qui les relient et les renforcent.

Les « routes » me furent pendant des années inaccessibles — par manque de moyens et d'audace. Je me contentais de vivre l'aventure par procuration. Au chaud dans ma chambre de convalescent, par l'entremise de Verne et de London, de Curwood, Kessel, Loti et Stevenson — dans cette *Bibliothèque verte*, inépuisable source de délices —, et plus tard de Giono et Melville, venaient à moi le Grand Nord et le désert de Gobi, les nomades et les chercheurs de trésors, les terres-neuvas, les picaros, les bourlingueurs de tous les océans dans leurs tribulations, leurs périls et leur bonheur. Le monde s'ouvrait dans une frissonnante exaltation et dans l'hypnose. Tout ce qui était possible, tout ce que des hommes avaient tenté... Je ne pouvais évidemment comprendre la part redoutable et fascinante du refoulé. Qui court les grands chemins ? Voyageurs, vagabonds, voleurs, bandits, bohémiens, errants de toute espèce, que rien ne fixe, que personne ne retient, toujours en marge, en rupture de ban, ailleurs comme du vif-argent... Marco Polo, Don Quichotte ou Mandrin, tous sous le signe de Mercure. Je n'étais pas prêt à rencontrer l'ombre.

En quelque coin de friche près des jardins, au revers d'un fossé, campaient des romanichels, qu'on appelait les « romanos », et j'entendais dans ce terme la méfiance, l'hostilité, le mépris et la peur des petites gens autour de moi répétant que « pierre qui roule n'amasse pas mousse », leur inattaquable règle d'or. Deux ou trois roulottes peintes en vert ou en rouge, autant de haridelles attachées à des piquets. De la lessive étalée sur les buissons. Des enfants morveux et les fesses à l'air se chamaillaient. Des femmes en chignon luisant avec d'immenses jupes noires tressaient des paniers. Des hommes noirs de poil, dont on disait qu'ils maniaient allègrement le couteau, se livraient à des occupations indistinctes. Parfois les femmes sonnaient aux portes, offraient leur vannerie, mendiaient d'une voix geignarde des vêtements pour leurs petits. Elles sentaient la crasse. Des légumes disparaissaient dans les jardins, des lapins dans les clapiers, et quand on s'en apercevait les romanos avaient déjà levé le camp. Nul ne savait d'où ils venaient, pour combien de temps ils s'arrêtaient près de la ville ou des villages. Sans domicile fixe, disaient les gendarmes qui venaient vaguement inspecter.

Pour moi les grands chemins, ou les grandes routes, étaient ces bohémiens (j'ai entendu ensuite parler des gitans, des tziganes qui, eux, savaient jouer de la guitare, chanter, danser), et les gens du cirque. Les roulottes, les baraques, le chapiteau, drapeaux, trompettes, paillettes, remugles de fauves, voltiges là-haut sous la toile, culbutes en bas dans la sciure. Après le bruit, les yeux écarquillés, le souffle en suspens, quand nous ressortions dans l'obscurité, la plus grande partie du cirque avait déjà disparu. Des hommes arrachaient des piquets, enroulaient des toiles et des cordages. J'aurais aimé m'attarder près des roulottes où vivaient acrobates, jongleurs, clowns, écuyères, dompteurs, ces hommes et ces femmes qu'on apercevait un instant sous les projecteurs et qui disparaissaient dans la nuit, toujours emportés plus loin. On les entendait parler des langues bizarres, ils appartenaient à une humanité différente. Ils passaient. Étaient-ils heureux de leur vie ? J'imaginais le bonheur de tous ceux qui pouvaient voyager en train, en avion, en bateau, sans autre contrainte, sans autre but que regarder les paysages, les villes, les monuments, que se perdre dans les foules, rencontrer selon le hasard des êtres hors du commun, et revenant chargés de souvenirs, de récits, d'objets inconnus. Mais ils gardaient les merveilles les plus belles dans le secret de leurs yeux et de leurs cœurs.

Peut-être pour moi, enfant, le rêve de faire de grandes choses se confondait-il avec celui de voir de l'extraordinaire qui ne pouvait provenir que d'ailleurs, au bout de la route. J'entendais bien les propos qui s'échangeaient autour de moi et qui visaient invariablement à déprécier les instables qui « ne savent pas où ils sont bien » et, dans un style plus relevé, ceux qui ne prennent pas leurs responsabilités, s'avèrent incapables de s'intégrer, de participer. Plus tard je fréquentai l'exotisme, le spleen baudelairien, la Sehnsucht romantique, Flaubert et l'Égypte, tous ces ponts aux ânes des études littéraires, sans bien m'aviser, je crois, qu'il pouvait y être aussi question de moi et de mes contemporains. Les pays qui produisent du bonheur comme un pommier ses fruits, les îles Fortunées, Tahiti, un Orient dans des fantasmes fluctuants selon les générations mais toujours d'un magnétisme intact... Miroir aux alouettes, certes, mais je n'ai pu me convaincre que ce n'était là que fuite devant la grisaille, la répétition, l'ennui ou l'autorité, le « système », donc une mauvaise herbe qu'il fallait arracher. Forme « dégradée » des « plus hautes aspirations » si l'on en croit les moralistes. Oui, là encore le ronron des mots nous berce. Et il nous divertit, c'est-à-dire nous écarte. Ces peurs-refus dont on peut allonger la liste *ad libitum*, il est aisé de les réduire à des symptômes d'une pathologie caractérielle et sociale. À moins que ce ne soit l'urgence du premier pas à accomplir ? L'appel de ce qui bouge intérieurement, qui attend et exige la transformation, la conversion proprement alchimique. Les occultistes, tel Rudolf Steiner, parlent du « sentier de la dévotion » comme l'attitude fondamentale envers « la vérité et la connaissance ». Les mystiques décrivent « le chemin de la perfection ». Maintenant le moindre commentateur voit dans un roman ou un film un « voyage initiatique » : métaphores usées d'avoir, comme une monnaie d'échange, trop circulé. Cependant je suis porté à les prendre littéralement. Mais dans ce voyage au long cours il me faut d'abord m'engager sur l'humble sentier devant moi...

Bien ratissé, il contourne la maison, traverse le jardin entre le carré potager et le parterre de fleurs. D'abord il longe un mur aux moellons disjoints au-dessus duquel passent les cimes des chênes, des hêtres et des ormes dans le parc laissé à l'abandon avec, en son centre, un pavillon de meulière et d'ardoise. Voilà maintenant un muret tout bleu de sulfate, où s'agrippe un espalier bien taillé. Des rangées de pieds de vigne soutenus par des échalas, des pêchers en quinconce, des troncs de pommiers tordus comme si les branches voulaient toucher le sol. Des vaches paissent l'herbe du verger, un couple de chevaux part en un bref galop. Le sentier se fait campagnard sans arrière-pensée, se perd un temps dans les premiers sillons des labours, contourne ce qu'il reste d'une petite chapelle, se retrouve près d'une clôture ouverte, franchit un fossé où l'eau stagne parmi les quenouilles. Il longe un ruisseau à écrevisses où trempent les branches basses des saules. Les fermes sont groupées là-bas, elles s'écartent, s'éloignent, se dissimulent derrière un repli de terrain alors que le sentier aborde les collines. Cela sent le thym et la lavande, le calcaire et le silex semblent avoir éclaté sous le soleil, des lézards furtifs s'y cachent, et peut-être, si l'on n'y prend garde, des vipères. Le temps a changé, le ciel s'ennuage, le vent souffle par brusques poussées, puis d'une haleine continue sur la lande de bruyère. Les genévriers ont encore leurs fleurs jaunes. Les hêtres et les chênes cèdent le versant aux sapins, aux épinettes bleues semées de quelques bouleaux argentés. Le sentier grimpe plus haut sous le couvert de la forêt, dans les éboulis que coupent des cascades. Pour l'instant je n'irai pas plus loin.

C'est dans ces parages que je rencontre mon vagabond. Sa grande cape le protège des intempéries et lui sert la nuit de couverture. Il a parcouru en tous sens les alpages, les landes, les sous-bois d'une vaste contrée. Il marche, contemple les panoramas toujours divers selon la hauteur et les saisons, le ciel du jour, le ciel des constellations. Il observe le vol des oiseaux et les nids, les passées des bêtes, les fleurs sauvages, les feuilles et les écorces, les champignons et les mousses, les roches incrustées de lichens, fissurées par les racines et le gel. Il sait lire aussi, et dans sa musette, avec un quignon de pain et du fromage, il porte un livre. Une bible peut-être. Il ne fuit ni ne cherche la compagnie de ses semblables. Il s'abrite dans les grottes, le creux des rochers, les cabanes des bergers qui sont ses compagnons les plus fréquents. On le reçoit dans les fermes. Les chiens viennent le flairer en remuant la queue. Il marque sa reconnaissance pour un bol de soupe chaude et quelques nuits dans le fenil : il fend du bois, soigne les chevaux blessés, taille des cannes dans du noisetier ou du houx. On murmure qu'il sait charmer le feu. Quand la neige commence à fondre, il repart.

Sans doute médite-t-il sur la beauté du monde. Comme les sentiers qu'il suit, sans rien déranger, le vagabond fait un avec lui. Les écureuils et les renards ne fuient pas à son approche, les merles n'interrompent pas leur chant, les vers luisants continuent leur danse, son pas couche à peine l'herbe. Au passage il flatte de la main le rocher ou les souches, il salue la cascade. Homme de très ancien savoir, un peu sorcier peut-être, ou devin. Mais d'où lui vient cette science ? A-t-il reçu des secrets de quelque vieux solitaire avant sa mort ? Mais il sait, il a appris à avoir les yeux et le cœur ouverts. C'est ce que, en son silence, il dit aux hommes qu'il croise.

Sans brusquerie, avec douceur mais fermeté, le sentier appelle à un exercice de lenteur, d'attention, d'amour. Comme il devrait en être de même pour la lecture, pour l'écriture, pour le geste quotidien, pour la pensée. Pour l'existence tout entière. À l'ambition toujours inassouvie des routes et à leur violence, il oppose, ou plutôt il propose, une autre ambition, mais humble celle-là, qui est d'aller partout ou presque, et de vivre dans l'intimité de la terre.

J'ai laissé mon vagabond sur ces plateaux qu'il aime, dans l'air vif qui passe sur les bruyères. J'ai pris le relais pour gagner des terres plus hautes au long de ces pentes où les rhododendrons ne poussent plus, où se raréfient les derniers conifères. Au petit matin dans le noir, l'herbe craque sous le pied, les bords du torrent sont gelés alors que les sommets deviennent d'or. Le cœur cogne sourdement, la pointe des doigts semble piquée d'aiguilles. Je sais que le sentier va jusqu'aux lacs sacrés, se faufile dans les moraines vers les glaciers sans nombre, les crevasses sans fond, les parois droites, les pics et les pyramides. Vers le Toit du monde. Je m'arrête, je regarde avant de redescendre. Peu de temps en ces hauteurs, juste assez pour apercevoir la demeure des dieux.

# CÔTÉ JARDIN

*À la mémoire de mon père*

J'ai vu peu à peu aux approches des villes françaises, les immeubles de béton et l'asphalte gruger les surfaces des jardins. Pourtant ils sont toujours là, comme une herbe qui repousse infatigablement dans les interstices d'une allée pavée. Et les cabanes dans un coin y accusent une sorte de génie du bricolage et de la récupération : vieilles planches, traverses de chemin de fer qui portent encore l'évidement pour les rails et les vis, fonds de tôle découpés dans des bidons, morceaux de toile goudronnée auxquels on a entrelacé une treille qui pousse en tonnelle. L'intérieur de ces cabanes aussi est le produit de toute une civilisation patiente, calme, têtue, du gagne-petit, du sou-à-sou, du tout-peut-servir, et le refuge du kitsch, des gravures fin de siècle jaunies, racornies, puériles avec des sourires mièvres de filles fardées sous leurs boucles blondes.

Peut-être devrais-je en parler au passé : ce furent les lieux de mon enfance. Ils m'ont légué plus qu'une représentation du monde : une voie d'accès, un certain rapport que l'être humain peut établir avec l'espace, indissociable d'une idée de la civilisation.

Je les ai revisités à l'occasion. Les clôtures en ont été relevées, les cabanes bancales remplacées par du préfabriqué rectangulaire. Cela a acquis un air net et moderne. En fait le jardin me semble échapper au changement, parce qu'il recueille et assimile. J'y voyais le temps s'accumuler, doucement, en strates d'objets hétéroclites recueillis là comme pour leur assurer leur dernier repos : outils ébréchés, sabots fendus parmi les chapelets d'ail sec, roues de bicyclettes, calendriers garnis de croix et de signes comme pour consacrer certains jours à d'obscures cérémonies, tout ce qui n'avait plus sa place dans les maisons mais dont on ne pouvait se résoudre à se défaire. En grattant le sol, je trouvais des pièces de monnaie encroûtées de vert-de-gris. Simples sous percés d'avant la guerre ou pièces plus larges que je n'identifiais pas tout de suite. Il me fallait contenir mon impatience et frotter légèrement la surface pour la dégager sans l'user. Apparaissaient alors une inscription et une effigie, le profil à barbiche de Napoléon III. Le bronze se nettoyait peu à peu, recouvrait ses plages d'un brun sombre, avec de minces griffures plus claires que traçaient au polissage les grains de sable. Tout cela dans une odeur chaude, sèche, étouffée, de bois vieillissant, de paille, de sulfate, de plantes gaînées de terre.

Dans le jardin survit avec ténacité un instinct salvateur qui, en dernier recours, fait maintenant sa place sur le balcon des grands immeubles, dans quelques pots où poussent tomates, persil et géraniums. Il est le témoin presque anachronique d'un art de vivre qui a créé autrefois un personnage en chapeau de paille, tablier bleu et sabots, presque un officiant, qui manie rituellement la brouette et l'arrosoir, le plantoir ou le râteau. Travailler les champs signifie un labeur pénible, sous le soleil ou la pluie, de l'aube à la nuit, presque un esclavage pour assurer la subsistance. Mais aller au jardin est une activité à côté de la profession qui impose la routine de son horaire et la dépendance à un cadre extérieur, et par laquelle on lui échappe. Le jardinier trouve en son jardin sa revanche sur la société qui le contraint, son intégrité d'homme, son plaisir et sa liberté. Il y reprend possession de lui-même et devient souverain d'un petit carré de terre : il a pour sceptre la bêche ou le sécateur. Il règne sur les rangées de choux, les échalas, les touffes d'œillets. Il défend son territoire contre le doryphore, le chiendent et la gelée tardive, la taupe fouisseuse et les moineaux pillards. Il sait que la lutte est toujours à reprendre, contre les ennemis de l'intérieur et ceux qui menacent ses frontières. Tout autour il a établi un mur ou une clôture de fil de fer dérisoire, une porte fermée par un loquet qu'il suffit de lever, mais cette barrière signifie : mon espace. Tel était le royaume de mon père, où je l'ai vu heureux.

À mon tour j'ai, un peu et maladroitement, retourné la terre. J'ai observé. Je me suis imprégné d'une culture jardinière. Ainsi j'ai appris que les armes véritables du jardinier sont la patience, l'ingéniosité, le flair à sentir le temps qu'il fera demain, et surtout la qualité du regard. Il le pose sur chaque objet, sur chaque outil, chaque plante, qui sont effectivement dignes de cette attention et qui, par là, deviendront singuliers et irremplaçables. Le jardin est un espace circonscrit constamment exploré en ses moindres détails, traversé, parcouru et pour ainsi dire nourri par le regard. Aussi peut-on y lire, comme par un reflet dans un miroir, l'âme du propriétaire : il est des jardins mesquins, repliés sur eux-mêmes, utilitaires, sans grâce, et des jardins généreux, épanouis, pleins à profusion de verdure et de fleurs. On sent alors que là quelqu'un cherche seulement son profit, qu'ici il prend son plaisir. Lieu d'une activité paisible, attentive à son objet, soigneuse, respectueuse, il exige ces vertus chez celui qui y œuvre. Peut-être par là jardiner rend-il meilleur... Mais aussi on y choisit, cueille, s'y promène, flâne, contemple, fait silence. Comme jadis le vigneron au bout d'une rangée de ceps qu'il avait taillés, le jardinier retrouve sa cabane, il boit un verre de vin, mange un peu de fromage en écoutant les oiseaux et la rumeur des insectes. Certains points du jardin que désignent de charmants noms vieillots favorisent le repos et aident à la rêverie : tonnelle, espalier, charmille. Ils appellent la sieste de l'après-midi, soleil et fraîcheur, ils évoquent la lenteur, le mûrissement calme qui devrait être aussi celui de l'homme.

Un double désir s'y fait jour. D'abord celui du confort inclus dans le terme de « potager » où il y a : potage, avec ses légumes fumants, un confort bourgeois proche du populaire comme la poule au pot du roi Henri, quelque chose de solide, de franc, de bon enfant. Et aussi la féerie, dont on ne sait trop parfois, comme dans les fameux jardins suspendus de Babylone ou les jardins flottants de Xochimilco, en quoi elle consiste. Mais comme à Grenade et ces *Nuits dans les jardins d'Espagne* de de Falla dont je me suis souvent enchanté, il y entre de l'oriental, de la nuit chaude et claire, des jeux d'eau, des ombres qui se glissent, celle d'une infante peut-être... À la fois par le savoir-faire qu'il met en œuvre et par l'imaginaire qu'il cristallise, le jardin m'a désigné un lieu où se joignent le « génie » du peuple et celui de l'aristocratie dans un désir de *vivre mieux*. Je comprends le jardin comme une *marge*, non pas seulement en qualité d'à-côté récréatif mais comme cette zone cachée et fortement agissante de nous-même où naissent nos actes.

Nous aimions que le jardin fût proche de la maison, — comme il l'était jadis du château ou du monastère. Les tours qu'on voit à l'arrière-plan dans les miniatures des *Très riches heures du duc de Berry* contribuent à changer le sens du travail qui y est décrit. La nature est à portée de la main, utilisable, voire négociable, mais elle peut donner infiniment plus qu'un profit en écus. À côté d'un espace borné, identifié à la contrainte, aux besoins du quotidien qu'il faut satisfaire à court terme par l'obéissance et la discipline, après la concentration, l'ascèse intellectuelle et spirituelle, voici la joie du corps, des yeux, de l'âme. La splendeur dans la modestie, comme l'ont si bien perçu Sisley ou Pissarro. Le jardin n'est-il pas, en fait, le rêve de l'individu ? J'ai parcouru au fil des ans ces fameuses « réserves » et « parcs nationaux » que les gouvernements d'Europe, d'Amérique du Nord ou d'Afrique ont jugé bon de « ménager » contre les nuées de prédateurs bipèdes. Cette marge est souvent la dernière qui reste à nos contemporains. Et elle est vitale parce que là se passe l'important.

Le jardin marque la victoire que l'homme a enfin remportée sur lui-même parce qu'il a su y conjurer la peur que lui inspire la nature. Il l'a découpée selon ses forces et sa mesure propres, il l'a circonscrite pour qu'elle soit encore riche mais point trop exubérante, belle mais accessible. Renonçant à imposer à tout prix son absurde projet de domination sur elle, il y est à son écoute, humblement. Et la nature le lui rend bien. Ailleurs elle éclate, étourdit, confond, écrase et stupéfie ; ici elle parle dans le silence, module un air de flûte. Les deux parties nouent un pacte également fécond, car l'une et l'autre s'y trouvent poussées dans leurs possibilités créatrices. Le jardinier affine, élimine le parasite pour que le fruit soit plus beau ; en même temps il dirige, c'est-à-dire il fait œuvrer la nature dans telle direction, où il la suit. Par toute une gamme de nuances, l'équilibre varie jusqu'à ce que s'inverse la force dominante, puisque, on ne peut l'oublier, l'instinct de l'emporter demeure. Le parterre et le parc n'appartiennent pas seulement à deux échelles de grandeur différentes, ils relèvent de l'une et l'autre suprématie. Le jardin « à la française » reconnaît évidemment la beauté des fleurs et des arbres mais il postule la sauvagerie de la nature. Telle quelle, sa force en est redoutable, hostile à l'homme ; elle demande donc à être tenue à la lisière. Sa beauté en est incomplète : on lui a adjoint statues, bassins, buffets d'eau et vasques, on lui impose une géométrie. Un poème didactique de Delille au titre significatif, *Les jardins ou l'art d'embellir les paysages*, m'est tombé sous les yeux : c'est dire que la nature ne saurait exister pour elle-même ! Peu à peu nous avons appris à lui faire confiance et à la laisser croître selon sa volonté propre. Dans le jardin « à l'anglaise », il s'agit d'une liberté surveillée où l'on concède des droits aux plantes, mais le changement est d'importance. Alors que rien n'est laissé au hasard dans les parterres dessinés au cordeau, on attend maintenant que ce hasard fournisse des surprises et des mystères. On a donc accepté, voire souhaité l'imprévu de la nature, plus : son étrangeté splendide. Si je retourne avec émotion à Versailles, c'est maintenant moins pour les fastes du marbre que pour les arbres...

Sans que j'en eusse d'abord conscience, le jardin me révélait le rapport amoureux avec la nature. La volonté, sans doute première, de l'homme de soumettre, domestiquer, parfois asservir ou anéantir, comme il le fait de la forêt amazonienne. Le désir le dévore, mais aussi l'angoisse devant l'incompréhensible et la beauté hors d'atteinte. Entre adorer et détruire, il suit sa fascination. Depuis les modestes potagers de mon enfance jusqu'aux parcs de l'Île-de-France, de ceux de Londres aux jardins japonais de nos métropoles, je retrouve tout l'éventail des nuances érotiques.

Le jardin est un chant, et un chant d'amour. Éros y prend des formes délicates, tempérées, volontiers décoratives, mais, s'il est voilé, le désir n'y est pas moins clair. À l'âge des premiers émois, je découvrais que Villon faisait rimer « jardinet » avec « sadinet » (sexe), et les amoureuses de Verlaine s'éloignent dans la pénombre des ramures... Les miniaturistes et lissiers du Moyen Âge et de la Renaissance ont placé la dame en un jardin. Une licorne erre aux alentours. Parmi fleurs, feuillages et lapins bondissants, la dame est assise, drapée dans un manteau doublé d'hermine, un diadème sur la tête qu'elle penche d'un air pensif et modeste, mais elle tient au poing un faucon. Elle est reine ou princesse : le seigneur debout s'avance et lui présente, entre le pouce et l'index de la main droite, un cœur. Ou sur cette autre tapisserie, l'eau d'une fontaine tombe dans une vasque ; sur la margelle, un petit orgue, dont une demoiselle au sourire énigmatique touche le clavier. Tous les assistants sont vêtus de soie et de velours, sauf un homme chauve qui est peut-être un moine en bure. Quel lieu serait plus propice à réconcilier l'épicurisme et l'ascèse ? Et d'ailleurs dans ce jardin ne se déroule-t-il pas sous nos yeux un mystère plus secret et plus élevé qu'un divertissement aristocratique ? Une autre demoiselle, qui effleure sa viole d'un archet, pourrait bien être un ange musicien. Oiseaux, fleurs, riches atours, eau de la fontaine, musique, femme, tout ici possède une légèreté presque dansante, tout est élément sensible d'une félicité qui n'est pas que de ce monde.

N'entre pas ici qui veut ! Le jardin de la dame à la licorne est aussi bien défendu qu'un château fort, mais on ne l'investit pas par un coup de force. Il faut se faire agréer, convaincre gardiens et gardiennes de sa qualité. Alors Oiseuse ouvrira la serrure de la première porte dans le mur crénelé, prendra Amant par la main pour le conduire par un dédale de haies, parterres et portiques dans le jardin. Il est à l'écart, clôturé, protégé des regards étrangers, refermé sur ses richesses ; rien ne doit en souiller la pureté, l'intégrité, la beauté. Voilà bien, pourrait-on dire, l'image complaisante de la classe privilégiée, de l'élite oisive ! La roture à laquelle j'appartenais n'est pas admise, pas plus qu'elle ne l'était au tournoi ou à la chasse à courre. Certes, mais le jardin se mérite, et les visiteurs favorisés ne le sont pas seulement de la fortune : il est l'image projetée et rendue visible de la qualité intérieure. Qui n'y entre pas demeure dans les ténèbres.

Je me suis arrêté longuement devant *L'adoration de l'agneau mystique*. Dans le vaste paysage qu'a peint Van Eyck se dresse une fontaine, qui constitue le centre de la composition et en porte le sens. C'est d'elle que coule l'eau de la vie spirituelle tout comme, sur la tapisserie, la vasque où la belle dame puise pour son jeune ami. La femme dans le jardin apparaît ici comme la médiatrice, son geste comme le lien visible entre la source de l'esprit et l'homme qui n'est pas encore éveillé. Il a cependant été jugé digne d'être admis, a franchi les portes, suivi les chemins, approché du cœur où s'unissent la femme, l'eau, la musique : étapes d'une initiation qui font du visiteur un Perceval, le jardin étant lui-même une préfiguration de la félicité suprême.

J'ai compris que le christianisme ou l'Islam avaient ainsi conçu le paradis terrestre en me retrouvant au plein soleil d'été dans la profusion des plantes, des fleurs, des arbres et des oiseaux. J'y passai d'un ravissement à un autre, selon que je voyais s'ouvrir une perspective ou se fermer un creux de verdure autour d'un ruisselet, s'amonceler les mousses ou se multiplier les couleurs. Tout était abondance et exubérance, lumière, allégresse et beauté. Distinct mais fondu à cet espace qui était un raccourci de tous les règnes, je regagnais un peu de mon appartenance au monde originel.

# *MAISONS*

Il n'y a pas si longtemps il suffisait de parcourir quelques centaines de kilomètres dans n'importe quel pays d'Europe pour rencontrer un riche éventail de demeures. Nous pouvions admirer comment les particularités du relief, du climat, de l'occupation, du mode de vie et de la tradition les avaient peu à peu modelées. Sans toujours pouvoir le nommer, nous percevions à l'œuvre un « génie local » fait d'une intelligence et d'une attention aiguës au rapport de l'habitant avec son milieu. Aujourd'hui, dès que nous sortons du cœur des villes où ce « génie » a laissé ses monuments comme des curiosités pittoresques et anachroniques et si nous levons les yeux au-dessus des passants, nous savons à peine distinguer Moscou de Paris, Ankara de Madrid, New York de Buenos Aires ou même de New Delhi. Banlieues ouvrières ou résidentielles, banques et universités, hôtels de luxe, usines, centres commerciaux étalent partout leurs stéréotypes de métal, de béton, de verre. À partir de ces constantes qu'offrent les matériaux, nous les voyons d'année en année changer selon les modes : frontons triangulaires après les cubes, panneaux de verre fumé remplaçant les façades aveugles comme des forteresses, colonnes, avancées et renfoncements succédant à l'uniformité lisse. Ceci a été maintes fois constaté, déploré, dénoncé. À ce style unique d'un continent à l'autre, la clarté, la netteté fonctionnelle, le confort ont gagné, et l'esthétique pas toujours perdue par rapport à ce qui fleurissait il y a un demi-siècle. Et nous nous y retrouvons à l'aise, plongés comme nous sommes dans la neutralité croissante du quotidien.

Balzac nous a montré à longueur de descriptions que la maison exprime son occupant, et Bachelard comment notre rêverie, en circulant de la cave à la cuisine, à la chambre, au salon et au grenier, renvoie à nos pulsions secrètes. (Mais où vont-elles quand elles n'ont plus, comme maintenant dans nos bâtisses, ni cave ni grenier pour s'enfouir ?). Dans les couloirs de Versailles, du Vatican, de l'Hermitage, nul doute n'est possible quant à l'occupant, pas plus que dans tel intérieur victorien, dans l'universel pavillon de banlieue ou dans les HLM pleins de graffiti et de poubelles renversées...

On construit maintenant des maisons en fonction des bénéfices que les études de marché, ou le flair, permettent de chiffrer (planification qui, on ne le sait que trop, sert de couverture à l'improvisation sauvage et dévastatrice). On choisit de les habiter d'après leur rentabilité et leur localisation — une école, un centre commercial, rarement un parc, encore plus une église. Cela se veut rigoureux et rationnel mais, — ailleurs que sur le continent nord-américain —, on s'estime heureux de saisir le premier logis par miracle disponible, on s'en contente pour l'immédiat ou pour bien longtemps. Comment, dans ces circonstances, parler encore de choix et prétendre que la maison nous exprime ? Tout au plus indique-t-elle le montant approximatif de notre revenu et l'état de notre société.

Je ne crois cependant pas que tout soit exhaustivement expliqué dès ce premier regard. Par quel enchaînement illimité de causes et d'effets suis-je né dans un deux-pièces au-dessus d'un passage voûté dans une antique bâtisse d'un faubourg de petite ville ? Logis dû au travail de mes parents, à leurs moyens modestes, avec l'aide de quelques connaissances. Puis ils déménagèrent à quelques centaines de mètres, en bordure de cette route nationale que j'ai évoquée, sur laquelle l'appartement donnait de plain-pied. J'en observais pendant des heures le va-et-vient et en face, je voyais, dans son antre sombre, un charron cercler des roues de bois, le métal fumant dans les flaques d'eau où il les faisait tourner, ou bien un rouleau compresseur qui essayait longuement de démarrer par temps de gel. En juin 40 j'ai vu arriver, grossir et s'épuiser le flot des réfugiés et des soldats qui venaient du Nord, de l'Est, de la Belgique, la débandade du pays qui se défaisait et se perdait sur les routes. Quelques coups de canons échangés au-dessus de notre ville, absurdes, presque grotesques, avant l'arrivée sans hâte des uniformes gris acier, l'arme sur l'épaule, depuis longtemps déjà vainqueurs.

Après le repli obscur du premier abri, le regard limité vers le dehors, contraint par les murs, ce fut donc l'ouverture sur la route dont je savais seulement qu'elle venait du Nord et qu'elle allait vers le Sud — contrées mythiques. Par elle j'imaginais l'origine et la destination d'un mouvement qui, un jour, deviendrait mien. Dans cette maison, des menaces aussi : l'eau qui ruisselle du plafond pendant un orage ; dehors cet homme qui crie et gesticule alors que des infirmiers l'emmènent. Le dénuement, la destruction, la folie entrevus. Débuts d'un parcours et d'un apprentissage.

Et puis il y eut cette étrange et énorme bâtisse labyrinthique qui abritait marché couvert, salle des fêtes, entrepôts, tribunal, bureaux de greffe, archives, greniers, et notre loge de concierges que nous défendions tant bien que mal contre les intrus, les rouspéteurs, les sans-gêne et l'hiver. Chaque étage, chaque recoin avait ses odeurs, légumes, détritus, poussière, vieux papiers, ses bruits, mats ou échos répercutés. Et le grenier qui, disait-on, datait « du siècle de Montaigne », devenait par grand vent une puissante soufflerie. Une corde pendait d'une poutre. Des portes fermées à clef, des placards condamnés. Courants d'air violents. Des voix inquiétantes. Des palabres et des silences. Des chiens que les soldats allemands avaient laissés à la garde de leurs véhicules. Des trafics. Des alertes. L'obscurité, la lumière revenue. Puis des éclats de musique de danse. Rumeurs de la guerre qui se rapprochaient ou s'éloignaient. Dans cet espace jamais exploré à fond, vague en ses limites (dont je doutais même qu'elles existent), hétéroclite en son contenu, toujours traversé par les autres, nous essayions de protéger notre cellule perdue. J'y ai connu l'étude jusque dans la nuit avancée, la maladie, le froid des petits matins, le mystère apporté par ceux qui passaient là, l'attention du père et de la mère, l'exposition au danger, la peur du lendemain, l'existence de l'Autre, le rêve. Comme si là, pour moi, tout déjà était en place de ce que j'avais à voir, à comprendre, à faire, à vivre.

Puis les déplacements se sont multipliés, ceux que j'accomplissais seul, d'une mansarde à un hôtel, d'une maison à un camp, d'un pays à l'autre, pauses de quelques nuits ou installation pour des mois. Je constate dans leur succession une alternance entre recherche d'un repli vers le maternel, d'une sédentarité constructive ou parfois régressive, qui permet un creusement vers l'intérieur — et une ouverture vers les routes de l'aventure, une expansion ou une errance attachées à une quête plus résolument masculine. Un mouvement entre fixation-enracinement et mobilité-exil.

Je n'ai pas connu la « propriété familiale » transmise de génération en génération, agrandie, embellie, parfois banalisée, mais qui garde quelque chose de son charme premier et où les objets se déposent comme les souvenirs. Jadis les princes transformaient en châteaux de petits pavillons de chasse ; maintenant on réaménage la maison des grands-parents en « résidence secondaire ». Après voyages, détours et envolées, la famille s'y reconstitue le temps des vacances, d'une fête, elle se remet à jour, à neuf. Privilège qu'un nombre toujours plus réduit de contemporains connaissent : combien découvrent un terrain de stationnement là où s'élevait la maison natale, un building qui l'a expulsée d'une chiquenaude. Expérience troublante sans doute pour beaucoup, de ne même plus être certain de l'emplacement de cette maison initiale, et qui ne relève pas de la seule nostalgie du paradis imaginaire de l'enfance, comme si une part du passé de l'occupant lui était volée, comme s'il ne pouvait plus être sûr de ce qui a fondé son identité.

Il y a aussi ces bidonvilles aperçus à Mexico, en Amérique du Sud ou en Inde, où des familles croupissent dans la boue et les excréments sous des tôles ou des bâches trouées. Notre quiétude dérangée le temps de regarder quelques images ou de nous remémorer quelques souvenirs se rétablit vite puisque nous sommes bien protégés de cette misère et de cette honte, dans le « juste milieu » du confort et de la stabilité. Nous nous situons quelque part dans l'intervalle entre la maison construite par le grand-père (comme c'était la règle pour le paysan de jadis), sans eau ni électricité mais solide comme le roc, et la maison mobile du moderne nomade campé au bord d'une autoroute d'où il va repartir, ne laissant rien derrière lui, pour retrouver ailleurs un autre lieu anonyme. Cette population flottante (qui prolifère aux États-Unis), nous tendons à la grossir de plus en plus malgré nos bungalows, nos résidences, nos condos petits-bourgeois, eux-mêmes voués à la destruction pour faire plus moderne et mieux « rentabiliser ». Y verrons-nous la libération de toute attache, perpétuel recommencement, disponibilité à l'aventure nouvelle qu'est la vie ? Rêve de hippy et du New Age ? Ou plutôt le signe d'une absence, celle des rapports nourriciers avec une terre et avec des êtres ? Je ne me suis pas pour ma part senti attaché à mes vieilles coquilles, encore moins attribué un instinct de propriétaire. Je revois parfois d'anciens logis, des souvenirs reviennent, d'événements, de personnes ou d'états intérieurs : comment étais-je quand j'habitais là, qu'est-ce qui alimentait et orientait alors ma vie ? Je perçois quelque chose qui déjà était présent et qui m'a aidé à mieux comprendre, à renforcer un désir, à aller de l'avant. Un instant retenu, je passe.

Demeure unique du sédentaire ou habitations multiples que le vagabond a oubliées, appartements rationnels, insonorisés, au sommet d'un immeuble neuf en plein centre urbain ou vieille ferme donnant de plain-pied sur les champs où se profilent les peupliers, fond de cour collée sur celle du voisin ou maison près de la route ou de l'eau ; façades de verre, intérieurs de plastique et de chrome, sur lesquels glisse le regard indifférent, murs de pierres qui portent la marque du ciseau et de la carrière, poutres et lambris qui parlent de la forêt. Nous pouvons lire ainsi ce que nous sommes et ce que nous devenons.

La maison est bien plus que cet assemblage de matériaux — plus ou moins satisfaisant pour notre œil et pour notre désir — auquel nous croyons pouvoir la réduire. Si elle comble notre besoin élémentaire de nous donner un abri dans le vaste inconnu de l'univers, elle n'est pas seulement, comme le fait remarquer Aldous Huxley, un objet physique que nous avons bâti : nous avons aussi édifié une « maison » d'idées, de croyances, de jugements, d'opinions pour vivre dans cet inconnu. D'un plan à l'autre il n'y a pas de solution de continuité puisque la maison rend tangible cet ensemble de valeurs, qu'elles nous soient propres ou que, dans l'immense majorité des cas, nous laissions docilement les autres les exprimer à notre place. Nous le sentons confusément quand nous voyageons en d'autres pays, ne serait-ce que parmi les plus proches dans l'Occident, à l'enveloppement des toits, à la présence ou l'absence de balcons ou de volets, des jardinets et des clôtures, à la vivacité des couleurs — langage qui nous effleure et que nous ne nous arrêtons guère à déchiffrer, ou que nous réduisons à des contraintes climatiques et à des commodités fonctionnelles.

La question apparaît de la sorte : comment me relié-je à l'univers ? C'est-à-dire : ai-je peur ou confiance en sa réalité, est-ce que je m'enferme ou bien ouvre ma porte et mes fenêtres ? Suis-je établi dans une attitude immuable, ai-je bougé ? À quelle phase de mon existence correspond telle de mes maisons ? Comme nous sommes destinés à rencontrer tel être par une attraction « magnétique », je leur étais destiné, ou elles m'étaient destinées. Il est bien que je les considère non comme des aboutissements mais comme des repères et des stations de mon parcours.

J'ai habité des ruelles obscures et malodorantes, des chambres glacées, j'ai passé dans des hôtels minables ou somptueux, dans le silence des mansardes ou le vacarme des routes, près des parcs où jouaient des enfants avec, au loin, les montagnes. Maintenant, de la table où j'écris ces lignes, je peux voir à travers les feuillages peu à peu jaunissants, entre soleil et nuages, un vaste fleuve.

Dans l'arcane XVI du tarot, « la Maison-Dieu » (ou la Tour), le feu du ciel en frappe le faîte, précipitant au sol les occupants. Une leçon est ici donnée, qui porte beaucoup plus loin que de ne pas s'attacher à nos demeures, et qui est d'accepter, voire, paradoxalement, de travailler à la ruine de la « maison » que nous avons mis tant de soin à édifier, celle de notre ego qui veut y être le seul maître. Pour que nous cessions de nous défendre et de nous refuser, pour que, au terme d'un long parcours, nous parvenions à notre liberté.

# PRINCIPAUTÉS

Quatre ou cinq états minuscules ont survécu au naufrage des monarchies d'Europe. Haltes pour les touristes, aubaines pour les magazines quand un mariage de haut rang s'y célèbre, inépuisable manne pour les philatélistes : ils nourrissent dans les mémoires de persistantes nostalgies.

Monaco, Andorre, San Marino, le Liechtenstein ont d'abord été pour moi de beaux noms poétiques. J'aurais pu à peine les placer sur une carte et je crois que, délibérément, je m'en abstenais. Je disposais précieusement dans un album des timbres bleu de cobalt, fuchsia, vert forêt, vermillon, qui représentaient — parfois ô merveille ! en triangle — un palais de marbre, une rade avec des voiliers, un prince souriant. Il y avait aussi cette voix de femme venue de très loin et familière qui, à heure fixe dont j'attendais le retour, articulait en vibrant les « r » : « Aqui Radio Andorra » (j'entendais « atti »). Venaient alors des chansons, c'était intime, émouvant. De San Marino je ne savais rien mais cela sonnait à l'évidence italien, bien démarqué du germanique Liechtenstein qui, avec ses « ch » et la douteuse syllabe finale, forçait la bouche à des contorsions. Nom austère, agreste, un peu sauvage, défendu comme les montagnes qu'il devait y avoir là-bas. Avec Luxembourg, d'où provenait aussi une voix sur les ondes, cela sonnait sourdement mais on respirait plus à l'aise des paysages plus larges.

Longtemps après j'ai découvert la réalité. On se retrouvait dans la principauté méditerranéenne sans qu'on s'en aperçût. Des gardes décoratifs en casque colonial comme ceux de l'armée des Indes se tenaient près d'un porche, le soleil dardait sur les murs, aux flancs des rocailles un jardin dispersait des plantes somptueuses et au-delà on voyait la mer. Loisir sans souci et sans fin, luxe, beauté : un prince pouvait vivre là. Le train ne s'est pas arrêté, j'ai vu des champs, des montagnes, des villages comme partout ailleurs dans les Alpes, j'étais et je n'étais déjà plus au Liechtenstein. Dans les rues de Luxembourg il pleuvait à verse, c'était humide et chaud à l'intérieur des boutiques où l'on parlait une langue qui se mélangeait à la mienne. Une fin d'après-midi, au bout d'une plaine, je roulais droit vers une table rocheuse si abrupte que je m'étonnais presque qu'une route pût l'escalader. En haut c'était paisible autour des hôtels, on flânait sur les remparts alors que le soleil se couchait, des bruits de vaisselle et de voix sortaient des maisons où l'on soupait en famille comme dans une bourgade somnolente de province. Sur une place déserte un monument, des statues devaient expliquer que deux régents présidaient aux destinées de la minuscule république. J'attribuais le même charme vieillot à Andorre dans ses Pyrénées. Les montagnes, les alpages, les fortes maisons de schistes ocre : certes, mais j'ai été attaqué par une frénésie de klaxons, de marteaux-piqueurs, de musiques, de pétarades. Une ville coincée dans une rue entre deux parois, une ville qui n'était qu'un centre commercial. Pas un refuge, le bruit me traquait jusque dans l'église. J'ai fui.

Plus qu'avec mes souvenirs de voyage je préférerais rester avec mes images anciennes. Ne serait-ce pas d'ailleurs la raison d'être, la fonction de ces petits pays ? Une marque sur les cartes géographiques, une tache colorée disproportionnée à leur surface, un nom leur donnent d'abord existence. Alors qu'ils ne sont pour la plupart guère plus étendus qu'un village, ils paraissent jouir du statut de nation, comme celles qui les entourent. Ils ont résisté à l'encerclement, à l'étouffement. Les voisins les respectent avec un sourire amusé, un peu condescendant sans doute, — mais ils ont leur profit à ce que ces « principautés » continuent d'exister. S'interroge-t-on d'ailleurs encore sur leur légitimité, alors que celle de Gibraltar, de Malte, des Malouines déclenche âpres contestations et guerres ? Je rêve sur ces palais où flottent des drapeaux, ces forteresses sans emploi dont on visite les salles aux armures, les trophées de chasse, les tapisseries, les portraits dignes accrochés aux lambris. Cours pavées, poternes, ruelles, églises, demeures entre ville et campagne, hommes et femmes qui vaquent à leurs affaires, qui bavardent et s'attardent. Une lenteur qui ailleurs n'a plus cours. Les marées touristiques ne parviennent pas à durablement la troubler. Anachronisme cultivé, sinon exploité — il faut bien vivre ! —, mais le charme opère encore. Ces pays grands comme la main sont des *réserves*, dans le sens de territoires aménagés pour sauver des espèces en péril et pour témoigner...

Mais ne font-ils que nourrir un diffus regret du passé mêlant paix agreste, prospérité sûre, cérémonial sans ostentation et respect de l'ordre ? Minuscules sociétés où l'on travaille sans hâte et sans mollesse, où l'on voit les orages et les violences passer plus loin. Ceux qui gouvernent ont un visage et il est bienveillant, débonnaire même. Chacun garde son rang. Il serait incongru d'appeler à contester, obscène de prôner une révolution. Du silence, du recueillement, de l'attention à chaque geste. Une allure paisible dans tous les actes du quotidien, un ton entre gravité et humour. Mais de la fierté : ne nous confondez pas, ne cherchez pas à nous assimiler, nos ancêtres n'ont pas cédé, nous avons lutté pour être ce que nous sommes, la paix ne nous est pas tombée du ciel.

Rêverie d'utopie bien sûr que tout cela, sans prise sur un réel qui à chaque seconde la dément. La réalité même de ces petits États démontre que ce ne sont là que fantasmes de songe-creux. Images d'Épinal qui entretiennent un passéisme aussi vain que nocif. Les bergeries et les princes en habits de soie, le bucolique et l'artisanal, cela s'est achevé il y a deux siècles !

Je ne vois pas dans ces « principautés » un modèle social dont la désuétude saute aux yeux et que nous embellissons parce qu'il est miniaturisé. Mais plutôt le symbole d'un style d'être : demeurer libre face aux modes, aux emportements idéologiques. Se différencier face au collectif. Se rassembler en un foyer alors que tout alentour nous dissout. Protéger en son exiguïté apparente un territoire intérieur.

# VISITES À BALZAC ET À QUELQUES AUTRES

Qu'elles fussent destinées à Montaigne ou à Balzac, à Montesquieu ou à Madame de Sévigné, à Hölderlin, à Hugo ou à Flaubert, j'ai couru les visites à des demeures d'écrivains. À Combourg j'ai cherché Chateaubriand mais je n'ai trouvé qu'un froid château dans un parc d'avoines folles. À Sion, la « colline inspirée » chère à Barrès, les papiers gras jonchaient le sol et des haut-parleurs déversaient de vagues cantiques au lendemain de quelque cérémonie. La Devinière, où naquit Rabelais, dans les douces collines du Val de Loire, incitait plus à la flânerie oisive qu'elles ne plantaient un décor pour les guerres picrocholines. Je n'ai pas senti en ces lieux souffler l'esprit... N'avais-je pas su voir ? Ou n'y avait-il rien d'autre à voir que du banal : un manoir de hobereau comme la France en abrite des milliers, des paysages sans plus et sans moins de grâce que partout ailleurs dans la vieille Europe ?

J'ai ainsi longtemps nourri une curiosité avant de m'interroger sur sa nature. Non plus que sur ma perplexité, sinon sur la frustration inavouée qui résultaient de ces visites. Si les écrivains de toute époque — certains proches de mon cœur, d'autres qui m'étaient indifférents — y avaient la place privilégiée, je me laissais évidemment attirer par les lieux des peintres et des musiciens, la montagne Sainte-Victoire, Giverny ou Salzburg, ou ceux des hommes de savoir et de sagesse, le village alsacien de Schweitzer, le hameau auvergnat de Teilhard de Chardin. Mes périples sous toutes les latitudes sont ainsi ponctués de pèlerinages intimes, mais j'ai évidemment étendu ces dévotions personnelles à des monuments ou à des villes désignés à la ferveur des foules et des siècles. Le mausolée de Lénine ou Nazareth ont été au programme comme le Prado, Versailles ou la Chapelle Sixtine. J'étais bien conscient que je sacrifiais parfois à des impératifs extérieurs (quand ce n'était pas au terrorisme publicitaire qui décide pour nous des menus touristiques). En un mot, je n'ai guère accompli de voyage sans qu'il comportât de « visite » à un lieu marqué par la naissance, la vie ou la mort d'un homme ou d'une femme qui, comme disent les dictionnaires, « s'illustra » dans les lettres, les arts, les sciences, la politique, l'histoire...

Qu'allais-je donc chercher là ? Je voulais me « documenter », « visualiser » à mon intention et à celle de mes étudiants, me « rendre compte » sur place, vérifier peut-être la véracité des historiens et des exégètes. Avant tout constater plus particulièrement la fidélité de l'œuvre littéraire à l'objet qui l'a « inspirée ». On voit dans quelle impasse je m'enfonçais ! Je venais, après combien d'autres, me prendre au miroir aux alouettes du « réalisme », je m'aveuglais des idées toutes faites sur la création que m'avait inculquées la tradition universitaire. Mais plus encore que la solution d'un problème esthétique, j'attendais de ces lieux qu'ils me livrent des traces, des échos de ceux qui y avaient vécu, comme si ces lieux avaient suscité ces héros de la culture et de la connaissance, et (ou) comme si ces êtres élus avaient, par leur seule présence, magnifié, sacralisé une maison, un paysage. J'attendais des signes de cette présence. Plus encore : des rayons de cette énergie créatrice qui pussent

42

m'atteindre, me réchauffer, m'exalter. Par leur pouvoir magique, me métamorphoser et m'élever vers leur Parnasse et, qui sait ? un jour me faire admettre dans leur assemblée...

Ces mots qui me viennent sans trop les chercher pour décrire cet espoir, disent bien de quoi il était fait, et tout ce qu'il portait de mêlé et de trouble. « M'élever par magie »... Voilà bien de l'inflation psychique ! Avec le recul des années je crois pouvoir mieux apprécier la nature et le sens de ce mouvement intérieur, et point n'est besoin de *mea culpa*. Je me reconnais la « curiosité » pour ces demeures d'écrivains, — mais c'est là un faible mot pour dire l'attraction que jadis elles exerçaient sur moi. J'y nourrissais une poussée à entreprendre à mon tour, à créer, parfois un enthousiasme pour une existence consacrée aux « travaux de l'esprit » (ce terme équivalant alors à travail intellectuel). Je découvrais — voilà bien de la candeur ! — qu'on pouvait écrire ailleurs que dans les manoirs et les nobles solitudes. À La Brède le bureau de Montesquieu gardait grande allure mais Montaigne, l'hiver, devait avoir l'onglée dans sa tour. Et le réduit de Louis Hémon dans une ferme de Péribonka... Écrire, opération modeste, patiente, obscure, travail de reclus, d'ascète. Pour Balzac, le « géant de la littérature » qui aimait rouler carrosse avec les belles dames, au château de Saché qui l'accueillit, une toute petite chambre, un lit étroit derrière ses courtines, une simple table de bois. Je rencontrai presque l'écrivain en pantoufles... Son travail me semblait plus proche, autre que ce que j'avais imaginé, presque accessible. J'entrevoyais du même coup comment la fiction peut, ou peut ne pas prendre appui sur le réel objectif, je veux dire le spectacle que l'écrivain a sous les yeux. L'école de village qui a fait rêver le Grand Meaulnes n'échauffe guère l'imagination. La Vivonne est une bien petite chose, l'église d'Illiers sans grâce particulière si l'on oublie Proust. Mais alors, que se passait-il entre le regard qu'il posait sur le ruisseau ou le porche et *À la recherche du temps perdu* ? Reconstituer sur une carte et sur le terrain l'itinéraire du *Hussard sur le toit* avait-il un sens ? Il me fallait — de toute évidence ! — constater que l'œuvre ne correspondait pas à l'objet dont elle partait. Entre les deux, l'imaginaire — grand mot vague, exaltant et un peu effrayant... Mais ne se pouvait-il pas aussi que Proust ou Giono aient vu autre chose que ce que je voyais, qu'ils aient vu plus ? *On pouvait voir plus que ce que je voyais.* C'est-à-dire *on pouvait être plus.*

Et la littérature, en tant que lecture d'un texte et en tant qu'écriture, pouvait m'aider dans cette voie. Je n'ai cessé d'y cheminer, pas à pas, et peut-être d'y errer. Et les écrivains et leurs livres continuent de m'y accompagner. Certains me paraissent avoir balisé le parcours : je les observe et je les suis pour un temps afin de repérer le mien.

Chacun, dit à peu près la sagesse populaire, honore les saints qu'il veut, et si je perçois bien que les miens ont leurs limites et leurs manquements, je ne les ai pas reniés. Simplement je les vois dans une autre lumière. Chacun a ses cultes et ses fétichismes. Jadis les monastères se disputaient férocement la phalange d'une sainte, la molaire d'un martyr, à défaut d'un morceau de « la vraie croix ». Au mieux, nous sourions de ces crédules d'un autre âge, de ces fanatiques qui se font la guerre pour un cheveu du Prophète. Partout des plaques de bronze, de marbre ou de plastique, des inscriptions, des dates, qui, en Europe, aux États-Unis, signalent une bataille, au Québec une mission. Le col des Alpes où Coppi gagna le Tour de France, un champ du Texas qui le premier fut clôturé de fil de fer, une caverne, un campement amérindien près d'un lac... Quelle rue, quel village ne commémore pas ? Tout lieu de la planète, même les plus reculés, les plus inaccessibles, ces régions que les cartes anciennes laissaient en blanc, *terrae incognitae* sur lesquelles venaient buter le regard et le désir, n'ont-ils pas été, peu ou prou, marqués par un fait humain ? En multipliant les regards tournés vers le passé, ces monuments désignent simultanément une présence et une absence, ils interrogent le temps et la mort. Ils disent la peur des humains, et les tentatives (dérisoires ?) pour la conjurer, et pour inlassablement affirmer une force têtue, une persévérance que rien ne paraît décourager à survivre, à bâtir, à croître, à repousser des limites.

Le monde regorge de fidèles, de dévots, d'adorateurs. D'idolâtres, dit la Bible, et Yahvé dont ils exaspéraient la fureur, les condamnait sans merci à être lapidés. Notre adoration peut aller à l'univers entier ou se réfugier dans un espace clos, ou un menu objet, comme si nous en attendions frileusement la sécurité. Je repense aux marrons d'Inde vernissés qu'enfant, je gardais dans ma poche, à cette ferraille nickelée trouvée dans un jardin. Teilhard de Chardin rapporte qu'il conservait un morceau de métal ouvragé, découvrant un jour qu'il pouvait rouiller. Roger Caillois a dressé un minutieux inventaire de ses « objets-fétiches ». La psychanalyse, qui a remplacé « adorer » par « régresser », nous a prodigué là-dessus toutes les explications. Elles ne suffisent pas. Quelles nuances, infimes ou décisives, distinguent adorer, vénérer, célébrer, aimer ? Bien avant nos néo-païens qui exaltent Gaïa, le *poverello* d'Assise s'ouvrait humblement à sa sœur l'eau, à son frère le soleil...

Dès mon enfance, j'ai vu pratiquer le culte des morts. Celui, privé, des familles pour les chers disparus, à qui on portait rituellement et annuellement couronnes et chrysanthèmes ; et celui, public, pour les grandes occasions patriotiques, la tombe du Soldat inconnu, ceux qui sont morts pour la patrie... Je n'avais encore lu ni Barrès ni le chanoine Groulx ! J'ignore la valeur véritable de cette pratique en Chine, en Afrique, chez les Amérindiens, je veux dire le degré de foi qu'on lui accorde, mais celui que je voyais en France m'inspirait des sentiments mêlés. Belle et louable fidélité aux parents, aux ancêtres, à leur exemple, mais n'en était-il pas de même que pour l'assistance à la messe dominicale ? Le sentiment nécessaire d'une continuité, d'une appartenance — mais aussi quelle fuite dans la sentimentalité, quel alibi que ce respect de la tradition ! Et cependant à Auvers-sur-Oise, deux dalles côte à côte, Théo et Vincent, et dans un petit cimetière québécois, un simple nom, H. de Saint-Denys Garneau, deux dates... Je leur rends visite là où ils ont vécu leur passion de créateurs et où ils sont morts. Je ne peux balayer d'un revers de main l'émotion qui monte en cet instant, en cet endroit précis : le sentiment d'une proximité.

Tenace est la croyance que des lieux, des objets possèdent le pouvoir d'agir sur nous, de nous transformer, voire de nous racheter. Le Graal se donnait aux chevaliers comme un objet enfin découvert au terme du franchissement d'un espace. Culte absurde, ridicule, régressif ? J'y ai quelque peu sacrifié, et je perçois aujourd'hui la nécessité de sortir de ce recours magique, *mais* il fut sans doute une étape dont on ne peut faire l'économie, l'individu repassant dans son évolution par des phases qui ont été communes à l'humanité.

Si un peu partout dans le monde on continue de préserver des reliques, si l'on fleurit des tombes et appose des plaques sur des édifices, si les foules envahissent Lourdes et Fatima, si l'on afflue à la maison d'une petite Juive d'Amsterdam — et si je m'attarde à Manosque ou Illiers — il y a bien une raison ! Ou combien de raisons mariées ! Une attente, un espoir. Un manque à combler. Une blessure à guérir. Une tâche à entreprendre, ou à poursuivre.

En tel lieu, le manque et la blessure deviennent plus sensibles, plus claire la tâche. Le culte qui peut s'y pratiquer, le recours magique qui y est cherché, me paraissent le dévoiement, c'est-à-dire la sortie hors d'une voie juste qui est la perception d'un *rapport entre un être et un espace.* Et plus qu'un rapport à deux termes, c'est évidemment un réseau qui se révèle, d'une vertigineuse complexité, à peine déchiffrable, entre lieu, moment, histoire, individu, collectivité, culture, cosmos.

Je fréquente des lieux que j'ai cru privilégiés, j'interroge l'exemple des écrivains et des artistes, j'accomplis des périples et des détours où j'ai pu faire des découvertes ou m'égarer : je vais chercher loin ce qui est tout près ! Dans l'humble et belle expérience quotidienne. J'aime m'asseoir sous cet arbre, avec le paysage de collines qui s'ouvre devant moi. J'aime marcher au bord de la mer, à la limite des vagues, en fin d'après-midi, ou regarder telle haute façade de pierre. Alors les pensées s'activent ou le calme se fait. Des collines ou de la mer, de la maison, de l'arbre à moi, une circulation se fait, secrète, difficile à nommer, à apprécier — et néanmoins vitale.

# SANCTUAIRES

Une fois l'an, en été, un cortège se formait devant la basilique de ma ville natale. Je ne comprenais pas trop de quoi il s'agissait mais cela faisait partie des choses naturelles, comme la messe du dimanche et la visite des reposoirs le Vendredi saint. Tout comme le jeune Perceval je ne posais pas de questions à ma mère, je la suivais et nous suivions le mouvement.

J'accompagnais donc. Je marchais derrière un enfant de chœur qui portait une croix, des prêtres en chasubles dorées, des fillettes des pensionnats religieux, des dames chapeautées, pour la plupart d'un certain âge, quelques hommes reconnus comme « bien-pensants », c'est-à-dire affichant une piété traditionnelle et familiale, celle de la magistrature et de la bourgeoisie qui donnaient le ton dans notre ville. Mais dans les usines les ouvriers votaient « à gauche » — communistes et apparentés —, et nous avions à passer devant leurs sourires ironiques et leurs moqueries à peine retenues. Ils avaient leurs meetings et leurs défilés ; nous avions nos églises et nos processions.

Nous nous mettions en route avec des cantiques. La promenade ne manquait pas de charme bucolique. Après les derniers faubourgs nous passions entre des jardins, des petites vignes où s'élevaient pêchers et noyers, des allées de peupliers de Lombardie, un moulin auprès d'un ruisseau, des vergers enclos de murs qui menaçaient ruine. Nous arrivions à un village, à son église et à la Vierge noire qu'elle abritait. Il y avait encore des chants, des bénédictions avant de nous disperser et nous revenions chez nous par le même chemin.

D'un été à l'autre, le nombre des participants diminuait et le pèlerinage fut abandonné. La ferveur semblait en effet décroître à mesure qu'augmentait ce que j'entendais nommer « le respect humain », c'est-à-dire celui de la norme, avec la crainte vague et la gêne de ne pas s'y conformer. En l'occurrence celle de manifester publiquement des « opinions » de moins en moins majoritaires. Ce malaise a dû être le mien dans l'enfance mais, alors que ma masculinité prenait — lentement et laborieusement — forme, il se renforçait de me sentir impliqué dans ce qui paraissait bien être avant tout affaire de femmes. Ces cantiques entonnés par des voix aiguës et fluettes, ces robes, ces soutanes... Et il était toujours question d'aller honorer Notre-Dame, qu'elle fût de Marsat, d'Orcival, du Port (celle-ci, il est vrai, avec un faste et une ampleur qui mélangeaient toutes les catégories de participants). J'entendais parler de Lourdes, de trains pleins de malades qui s'y rendaient. Là encore la Vierge était apparue à des enfants. Ne pouvait-il donc y avoir en ces lieux que des femmes, des enfants et des malades ? Ne pouvait-on donc y aller que pour gémir, implorer, pleurer, s'y livrer à des démonstrations, à un étalage de sensiblerie que je refusais comme je refusais confusément celui de la misère ? Je n'avais pas de grâces spéciales à demander, et seule aurait pu me séduire la rare aubaine d'un voyage. Mais il y avait aussi Chartres, le souvenir de Péguy, et plus tard je me suis joint à d'autres étudiants pour rejoindre après trois jours de marche une chapelle au plain-vent des montagnes d'Auvergne. Plus éprouvant, plus chaleureux, plus sportif aussi, et je sentais alors en moi comme chez mes compagnons une conviction plus personnelle et éclairée. Comme si l'effort et la fatigue de mon corps faisaient s'ouvrir un sens à ce qui en avait eu si peu.

J'apprenais que de Rome et Jérusalem à La Mecque, à Bénarès, au Fuji-Yama, il n'est pas de culture, de religion qui n'appelle — ou n'impose — ces immenses convergences de foules. En quelques occasions je me suis senti moi aussi porté, ou presque..., sans vraiment faire lâcher la résistance intime. Composante personnelle qui freine et, sans doute, prive d'une transfusion d'énergie, mais qui également *avertit*. Tant de confusion et de dérive dans ces déplacements collectifs, tant de dilution ! Jadis la marche pendant des mois avec la gourde et le bourdon sur les chemins de Compostelle ; aujourd'hui Sainte-Anne-de-Beaupré en autocars climatisés. Des nostalgies parfois nous prennent : il serait beau de revenir aux « vraies traditions », à l'effort qui accroît le prix de la récompense, de partir à pied, de suer sang et eau puisque c'est la règle ? Plus tard, une autre année... Ces chemins, on veut les remettre à l'honneur, bon prétexte à promotion touristique, gastronomique et écologique. Jadis on allait adorer des reliques, produits du dépeçage du corps des saints défunts, on allait gagner ou acheter des indulgences. Aujourd'hui Lourdes offre tout l'assortiment de madones clignotantes, tous les formats de flacons pour l'eau bénite, les bazars de l'Inde regorgent de bouddhas et de shivas, les boutiques de Jérusalem de chandeliers à sept branches, Mexico de calendriers aztèques et les souks arabes de tapis... Mais vitupérer nous donne bonne conscience à bon compte et je sens bien le dérapage qui menace : il faut nous garder à gauche, nous garder à droite. Plutôt que de dénoncer après tant d'autres les aberrations de notre monde contemporain, j'essaye de saisir ce que j'ai vécu en ces sanctuaires, certains célèbres, d'autres très humbles ou presque inconnus, ce qui pour moi y a résonné et me relie à une expérience commune.

Vézelay, sur le porche le Christ en majesté m'accueille les bras ouverts. Cathédrale de Sienne sur sa colline, comme une envolée de colombes. Ors et marbres de Melk sous la pluie d'été. Assise dans les ors usés de la Toscane et le bleu céleste de Giotto. Petit matin à Saint-Benoît, une phrase de l'office qui touche droit au cœur. Voix d'hommes qui chantent la liturgie orthodoxe dans une sombre nef en lave d'Auvergne. La côte atlantique et le village fleuri sur le bord de la falaise, l'église romane alors que viennent du large des nuées d'orage. Cloîtres clos autour du jardin où descend le ciel. J'entre dans cette église mi-ardoisée mi-couleur de miel que j'aperçois de loin dans mes randonnées en plaine, pour contempler encore une fois le soleil qui fleurit les dalles, aux murs les élus avec les anges, les damnés engloutis par la gueule flambante du monstre infernal, sous le plâtre les traits presque effacés d'une danse macabre... Et tout près maintenant, dans le blanc et l'or, le chêne et le pin lustrés de cire, ces églises québécoises qui semblent encore toutes neuves, propres, nettes comme des maisons bien tenues, où il n'y a pas de place pour l'ombre, où tout s'étale aux yeux avec modestie et fierté.

Merveille et folie du Mont-Saint-Michel, de Montserrat, de Montségur réunis sur leurs hauteurs par un fil invisible. Château, forteresse et chapelle : en moi est touché l'homme médiéval. Dans le resplendissement du soleil et du vent, dans le mariage de la mer et du sable, de la pierre et du ciel, au sommet des contreforts, arcades, étages, colonnes et flèches, en l'équilibre précaire et improbable d'un château de cartes, triomphe l'archange. Sortie d'un jet de la plaine catalane, la paroi de grès corrodé où s'accrochent des nids : le monastère et le campanile enveloppent d'un manteau de cloches et de silence la Vierge noire. Au détour de la route montante, entre les lourdes brumes et la lumière sur deux versants des Pyrénées, une butte qu'escalade un sentier entre les buissons et une ruine où il n'y a rien de plus à voir que dans n'importe quelle ruine de château fort. Nulle sculpture ou inscription. Une carène vide qui s'étrécit vers le nord, le puits circulaire d'un escalier qui ne mène nulle part. Une passerelle conduit à la crête du rempart, j'y ai le vertige. Pourquoi, comme tant d'hommes et de femmes, suis-je venu en cette forteresse tronquée, dépouillée, ravagée, sur laquelle la haine et la guerre se sont acharnées comme sur un squelette qu'on n'arrivera jamais à mettre à nu ?

En tous ces Monts il y a l'abrupt, l'inaccessible, la rupture : repaire, retraite, thébaïde. On y protège un trésor, un secret, une flamme. Elle y brûle, plus pure et invisible. Pour triompher du dragon. Mais qui est-il ? La bête convulsée à la pointe de la lance de l'archange ? Où est-il ? Dans ces motos hurlantes chevauchées d'hommes rouges qui, comme une nuée de frelons furieux, éventrent le silence de la vallée ? N'est-il pas dans la place même, dans les cœurs ? Chez ces moines qui jadis, en leur rêve de splendeur divine, laissaient croupir et mourir des prisonniers dans la nuit des caches oubliées au creux des murailles. Chez ceux, bourreaux, soldats, juges, curieux qui, au Champ des Cramats, ont dressé, allumé et contemplé les bûchers pour les derniers irréductibles de Montségur. C'est-à-dire chez nous tous.

Partout sur les routes d'Europe et, leur répondant en écho, sur celles du Québec ou d'Amérique latine, me traversent ces lueurs qui s'allument, ces fleurs qui s'ouvrent. Et plus loin, sous la coupole de la mosquée bleue d'Istanbul feutrée de tapis, où le silence est d'une prodigieuse densité. Ou dans le sud algérien, alors que je désespérais de survivre en ce désert, une toute petite cabane de pisé à l'écart dans les collines de pierre et de mica, quelques rouleaux coraniques, des sachets de cuir avec peut-être des sourates : ce pays inhabitable était habité. Plus loin encore, monastères de l'Himâlaya tout sonores de gongs, de tambours, de trompes qui fendent l'air des vallées vers d'autres montagnes. Les roues de pierre, les rochers, les moulins dans le torrent, ou un énorme fût de bois fixé à la charpente que les mains font tourner : partout est sculpté le mantra sacré, les prières sont inscrites sur les drapeaux, fouettées, délavées, emportées par le vent. Les lampions, les bols d'eau, les pièces de monnaie, les draperies de soie peinte, les fleurs devant le Bouddha d'or aux yeux fermés. Novices qui lavent le linge ou se poursuivent comme des enfants turbulents, vieux moines lents avec leurs chapelets, psalmodies, chiens qui aboient, socques et portes qui claquent. Lointains sommets enneigés, allégresse dans le vent et le soleil. Là se rassemble ce qu'offrent les hommes, ce que le monde nous offre. En un lieu, et parfois en un homme, un geste. Le guide népalais chantonne ses invocations, s'arrête pour offrir du tabac à un paysan ou pour poser sa main sur le crâne rasé d'un enfant.

Nébuleuse de mon enfance où passent cérémonies, liturgies, pèlerinages, fêtes dont les noms familiers ponctuaient l'année. Ceux aussi des saints du calendrier qu'on honore en tels ville ou village, Amable qui protège de l'incendie et du venin des serpents, Martin qui a partagé son manteau et dont le sabot du cheval a laissé une empreinte encore visible dans du granit, sources rendues miraculeuses par la Vierge, par un saint, un ermite — ou un dieu ancien, des esprits ? Roches aux fées, val du diable, gorges de l'enfer... Et ces mots claquants, rauques, sauvages. Dolmens. Menhir dressé dans la cour d'une ferme. Cairns. Tumuli dans lesquels j'entre en me courbant, un boyau, des niches où le rayon de la lanterne fait surgir quelques ossements. Crânes entassés dans les catacombes. Carnac.

Locmariaquer. Gavrinis. Alignements sur les landes. Danses des feux follets au clair de lune. Haches de foudre, crosses, spirales gravées aux parois. Elfes, farfadets et sylphes. Nymphes qui peuplaient ces bosquets. Tout près, quelques tronçons de colonnes parmi les chênes verts et les lentisques sur une colline d'où l'on voit la mer Égée. Les troupeaux de chèvres broutent les taillis. Grands taureaux noirs, bisons rouge sang, chevaux, cerfs aux parois des cavernes qui s'incurvent comme un ventre. L'ours de glaise durcie, décapité, lardé par les sagaies des chasseurs. Dans le charbon et l'ocre des empreintes de mains ouvertes pour faire signe — quel signe ? —, empreintes de pied dans la boue — pour quelle danse ? Squelettes repliés sur lesquels des coquilles se sont collées. Champs d'urnes, vases brisés, colliers dénoués, momies ficelées comme des paquets de parchemins friables. Tout va tomber en poussière, tout va tomber en cendre que l'on jettera aux quatre vents. Phalanges, fémurs, reliques noirâtres derrière le cristal enchâssé d'un lacis d'or et d'émail. La cheville de la statue polie, usée d'avoir été embrassée par les pèlerins. On vient de très loin, on marche des jours, on se traîne sur des béquilles, on s'agenouille comme on peut, pourra-t-on se relever ? Des os, de la pierre, de la terre, des cendres. Vient-on donc adorer la mort ?

La mort qui arrive en douce, celle qui frappe, celle que l'on donne. Au bout de ces avenues où pourraient manœuvrer des armées, au sommet de ces pyramides, sous le ciel en feu : Teotihuacán. Les hommes, les enfants dont on arrachait le cœur, les vierges précipitées dans des citernes pleines d'eau, les vaincus au jeu de paume que l'on sacrifiait. Des gueules crêtées de plumes, profils d'aigles, coquillages, d'autres mains rouges sur la voûte d'un portique ouvert sur la forêt où rampent les lianes et les serpents, jaguars qui fixent la nuit de leurs yeux d'obsidienne. Uxmal, Chichén Itzá. Et ces colossales têtes casquées et lippues posées à même le sol. Partout, la pierre ronde de la cosmogonie aztèque, en pendentifs, aux enseignes des hôtels, dans les bazars. Au centre le dieu soleil me parle mais je ne comprends pas son langage, je ne peux que le voir au fond de moi. Si loin, vertigineusement loin, si étranger que l'angoisse de l'absolue solitude me poigne. Et le prêtre, l'orant sur les bas-reliefs, s'immobilise, les mains croisées sur la poitrine. Il lève le visage dans l'attente : est-ce pour l'espoir, la peur ou le cri ?

Les peuples d'Amérique latine ont inscrit en leurs sanctuaires une profusion de corps contorsionnés, de bouches distendues, d'yeux exorbités, de flèches et de roues, de créatures hybrides. L'image de la divinité s'y perd dans un espace si compact que l'air n'y peut circuler, comme si on ne pouvait ou ne voulait la représenter trop nettement. Je me sens violemment repoussé, mais je l'ai été aussi face à l'énorme retable de la cathédrale de Mexico ou dans celle de Séville : les reliefs, les dorures montent haut vers la voûte, le monstrueux y délire ; je ne vois plus rien au-delà, j'étouffe. Et sous l'immense coupole de St-Pierre de Rome où l'âme devrait s'élever vers la splendeur divine, j'ai eu le sentiment d'être abandonné et d'errer comme en un désert, mes yeux et mon cœur glissant sur les colonnes torses de porphyre, les baldaquins et les draperies, les tombeaux, un monde grandiloquent de statues — un monde lisse, somptueux et glacé. Devant la puissance temporelle de l'Église rendue visible, devant la démesure faite marbre et or, on se prosterne, ou on se révolte. Monde mort. Alors, à Mexico, un masque en bronze me rassure de ses yeux en amande, noble, apaisé. Ces hommes aussi peignaient sur leurs murs des paradis : fruits et eau pure, chants et musique, courses et jeux dans les arbres et les fleurs. À Rome il y a la *Pietà*. Ailleurs, point n'est besoin de métaux rares ni d'orfèvrerie, les vierges romanes sont sculptées dans le bois, avec l'enfant Jésus sur leurs genoux, timides, gauches, humbles. Humaines et divines.

Je comprends alors — mais les mots ne me servent que d'appuis aléatoires — le recueillement. « Prendre en cueillant » ce qui est offert à notre portée, mais avec délicatesse, respect, le tenir dans le creux de la main et du cœur. Une paix, une fidélité, un souvenir, un silence, qui font taire la haine, la souffrance, c'est-à-dire la division. Le recueillement qui rassemble. En ces lieux où ont passé le Christ, ou Bouddha, ou Mahomet, ou François d'Assise, ou Thérèse, combien de saints et de maîtres, ou simplement ces hommes et ces femmes avant nous, je cherche, je suis des traces. En vain. Puis alors que je n'attends plus, à l'improviste, *cela* m'est donné, quelques secondes, quelques minutes. N'importe où, n'importe quand. Dans ce coin de cimetière villageois. Devant ces images à l'écran : dans un bois enneigé près de Moscou des femmes tiennent des petites chandelles allumées. Ou devant la flamme du mémorial de l'Holocauste. Mais ces flammes partout ne sont-elles pas celles d'un immense mémorial, qui couvre toute la terre ? Partout nous disons ainsi à un artiste, à un penseur ou à un soldat, à un homme ou à des millions, ouvriers, paysans anonymes, victimes et vainqueurs, que nous leur devons la vie. Dans notre faiblesse nous avons encore besoin d'eux. Il nous fallait quelqu'un pour ouvrir la voie, et sans eux nous serions comme des enfants perdus. Parce que notre angoisse est trop grande. Nous sommes seuls pour traverser les quelques décennies qui nous sont attribuées. Qu'en ferons-nous, qu'en avons-nous fait ? Puis ce sera la mort, la chute, l'extinction, les pelletées de terre, le nom dans des registres, l'inscription qui s'efface, le papier qui jaunit, les cendres dispersées. Vous qui avez déjà franchi le pas, aidez-nous !

La visite des sanctuaires (comme celle des demeures célèbres) devient aisément une pratique magique. Nous croyons que la divinité y est plus présente, plus agissante et qu'en nous rendant en ces lieux, nous nous rapprochons de la source et augmentons notre possibilité d'en recevoir le rayonnement. Marcher dans les pas du saint ou de l'éveillé afin de nous guérir, pour recueillir un peu du trop-plein de ses grâces, quelques miettes nous suffiraient... De ce fétichisme qui correspond (comme le dit par exemple Ken Wilber) à un stade primaire du développement de l'humanité, qui de nous peut se dire libéré ? Mais le condamner me paraît relever d'une conception aussi radicalement simpliste des rapports de l'humain et du spirituel. Comment savoir en effet ce qui se passe en ces sanctuaires ? Autosuggestion, croyance en un pouvoir magique, entraînement collectif, transformation en un point donné de la terre qui produit une concentration d'énergie psychique et rend possible les « miracles » (ainsi se rencontrent la moderne hypothèse des champs morphogénétiques et l'antique géomancie chinoise), lieux de la *manifestation* divine, c'est-à-dire où l'invisible devient visible ? Que nous cherchions des explications par la science physique, psycho-médicale, ou par le surnaturel, elles ne peuvent être que partielles : nous sommes conduits à des zones frontières où nous perdons pied dans notre tentative de comprendre. Proprement, nous touchons à nos limites. Nous pouvons alors choisir de nous rabattre sur nos catégories et nos systèmes, ou nous ouvrir à l'inconnu et, si nous le pouvons et l'osons, y plonger.

Quelle que soit l'explication à laquelle je m'arrête et qui ne peut satisfaire que le moi raisonneur et ergoteur, l'essentiel est l'expérience que je vis en ces sanctuaires. Dans tous les sens du mot, ils sont des *foyers* : un feu y est entretenu, qui donne chaleur, lumière, qui permet rassemblement, communion. En ces lieux s'est produit avec une ampleur et une densité particulières un *effort* humain. Il a impliqué une *dépense* en matériaux, argent, énergie — à la gloire de Dieu et (ou) à celle des donateurs. D'abord il fallut, pour construire l'édifice, vaincre des difficultés inouïes, inventer des solutions techniques, mobiliser des talents multiples, des bras, des volontés. Il a fallu exercer une *pensée* créatrice, la communiquer, la mettre en œuvre. Bâti dans le vide au Mont-Saint-Michel ou à Sainte-Sophie, dans des marais à l'abbaye de Fontenay, s'accrocher à des pics et des parois à Montserrat ou au mont Athos. Est-ce donc seulement l'attrait du tour de force qui l'a emporté, celui de défier, braver, vaincre comme en un combat de champions — en somme des jeux de l'ego ? Ou la conscience qu'à travers la difficulté et la souffrance, le constructeur lui-même, tel l'ascète, s'édifiait ? L'effort bâtisseur devenait épreuve. En taillant la pierre, en polissant le marbre, en peignant à fresque, en soudant les vitraux, en ciselant l'or et le vermeil, en tissant la soie, le sanctuaire devenait efflorescence de la *beauté*. Parfois se réalise ce mariage unique, inespéré de la splendeur dans l'humilité, de l'humilité dans la splendeur. Plus d'arguties, de ratiocinations, de verbiage sur la raison d'être de ces lieux et les mobiles de ceux qui les créèrent : nous sommes parvenus alors au cœur du silence et de l'ineffable.

Le pèlerin désignait à l'origine le voyageur, l'étranger. C'est-à-dire celui qui n'est pas chez lui, qui n'a plus de chez lui et qui en cherche un. Mais on *va* en pèlerinage pour aller à un ailleurs nécessaire, une source lointaine, vers un avenir. On *revient* en pèlerinage pour raviver un souvenir, retrouver des origines, se baigner dans son passé. Le sens de cette démarche réside dans cette séquence : partir, donc rompre avec des habitudes, s'éloigner, donc s'exposer, retourner à ce qu'on a quitté, c'est-à-dire revenir purifié et nouveau, et aussi rapporter ce qu'on a trouvé pour le bénéfice des autres. C'est aussi, bien sûr, tel que le décrit Joseph Campbell, le parcours du héros mythique.

Nous croyons souvent dans notre simplisme terre-à-terre ou notre cécité, qu'il nous faut ainsi courir aux quatre coins du monde. Les maîtres spirituels de toute tradition ont dénoncé cette illusion, ou cette folie, si elle n'est que turbulence de surface : ne voulons-nous pas multiplier les difficultés extérieures pour augmenter nos mérites et donc pour nous justifier à nos propres yeux ? Tous ces efforts, ces démarches vers des sanctuaires où nous croyons nous rapprocher du divin, ces déplacements de foules ne sont-ils donc que les marques, presque les stigmates de notre infirmité spirituelle ? Les Amérindiens voient le Grand Esprit partout manifeste dans le vent, les arbres, les torrents, les animaux. Les druides ne bâtissaient pas de temples et les rites se célébraient en pleine nature. Saint François d'Assise (en qui le spécialiste du celtisme Jean Markale voit curieusement le dernier chaman d'Occident) ne prêchait pas seulement dans les églises. Nous pouvons concevoir une spiritualité qui ne dira plus : « Oui, je viens dans son temple adorer l'éternel » parce qu'elle sera complètement intériorisée, dépouillée de tout attachement fétichiste à l'objet. Dans des générations, des siècles, peut-être...

L'auteur mystique du XIV$^e$ siècle connu comme « l'anonyme de Francfort » dit que « l'intelligence nous est donnée pour comprendre que l'homme intérieur doit rester immuable, mais que l'homme extérieur est fait pour céder au mouvement ». D'où nous pouvons déduire : si le pèlerin, c'est-à-dire tout être humain, « cède au mouvement », ce devrait bien être dans l'espoir de trouver « l'immuable ». C'est parce qu'il ne trouve pas celui-ci qu'alors il va chercher celui-là. Le désir de mouvement qui, en se dévoyant, peut devenir une fin en soi, s'insère, selon une juste vision, dans l'ordre de la manifestation (au sens de « Dieu devient sensible »), lié lui-même à un autre ordre, ou plus précisément à son autre versant, celui de l'immuable. Ce mystique médiéval ne nous donne donc pas une dichotomie qui nous laisserait dans le déchirement du conflit et l'angoisse du choix, mais une forte vision unitaire de l'humain et une ligne de conduite.

# SUR LES ROUTES DE COMPOSTELLE

Jadis les pèlerins faisaient halte à Conques pour vénérer les reliques de sainte Foy. Alors que tant de sanctuaires sont édifiés sur une butte ou la partie haute d'un village, l'abbatiale encerclée de maisons se niche dans un val aux versants escarpés. Le plateau où il s'ouvre est rude. Dans le village même, par tout la pierre, celle des pavés dans les ruelles, des murs, des lourdes toitures de schiste. Et cependant un air de fraîcheur et de légèreté y flotte en ce matin de printemps. Une allégresse. À mesure qu'on y pénètre, le lieu parle de grandeur et de protection. De recueillement aussi, devant le mystère où se réunissent l'œuvre des hommes et la présence spirituelle, en ce creux de verdure à la fois improbable et accordé à la sauvagerie du plateau.

Et c'est bien là ce qui, pour moi, fait la substance du Moyen Âge, un Moyen Âge imaginaire et mythique. Un faisceau d'opposés vigoureux, violents même, qui travaillent dans le secret de l'âme et la lancent sur les chantiers et les routes. Un Moyen Âge noir, rouge et bleu céleste. On y peine, souffre, s'exalte, œuvre patiemment, marche, galope, guerroie, fait ripaille, prie. On y meurt dans les ténèbres ou le cœur tourné vers les saints, les anges, la Vierge Marie, le Christ au portail des églises. Un Moyen Âge de pierre et de métal, de terre et de feu. Celui des châteaux farouches fermés sur leur seigneur qui rêve conquêtes ou rapines ; et les autres, bâtisses rustres, mal dégrossies mais qui assurent l'abri à qui le demande. Une châtelaine à hennin pointu attend dans le donjon : le noble époux reviendra-t-il ? Les couplets, le luth des troubadours, les jongleries des baladins de passage ne peuvent distraire son ennui et son angoisse. Il y a eu les tournois, les chevaux caparaçonnés, piaffants et fumants, les oriflammes, les lances qui se brisent, les écus qui éclatent comme les heaumes, les épées qui frappent de taille et d'estoc, le sang sur les armures. Répétition, préparatifs ou rappel d'autres combats où l'on gagne renom, blessures ou mort. Dans la chapelle du château, des gisants tout roides, les ancêtres, aux mains jointes autour de l'épée posée sur la poitrine. Peut-être, si Dieu lui accorde vie et pardon, le seigneur a-t-il fait vœu de renoncer au monde pour la forêt près d'une source. Ou bien il édifiera un moustier ou dotera généreusement le monastère voisin. Au tintement de la cloche, à toute heure du jour et de la nuit, les moines y chantent dans la chapelle glacée, travaillent dans les jardins et les champs ensoleillés, sur leurs tours de potier, dans les officines, les bibliothèques.

Je sais que le Moyen Âge a, pour près d'un millénaire, signifié guerres, pillages, exactions, vols et viols, tueries, misère, crasse, épidémies et famines. On voit encore dans les châteaux les chambres de torture, les oubliettes, les cages pour les prisonniers, on devine les ruisseaux d'ordure dans les vieilles villes, les gueux et les estropiés... Hameaux et villages repliés sur eux-mêmes autour du château, qui les protégeait ou les menaçait. Qu'y avait-il au-delà du village voisin : des forêts pleines de bêtes, des marécages pestilentiels, des villes somptueuses, des royaumes fabuleux, de l'or, des épices, les Sarrazins, les déserts, les mers où l'on s'égare, des monstres, des merveilles ? Partout le danger qui vient des hommes, de la terre et des eaux, du ciel. Le mal est dans le cœur, le démon se cache et partout guette sa proie. Où et comment s'abriter, où et comment sauver son âme ? L'homme harcelé, traqué, terrorisé, enchaîné dans des fers ou rivé au manche de la houe, « taillable et corvéable à merci », ne sachant si le lendemain lui apportera la mort, si la mort le conduira à la damnation éternelle. La souffrance multiple et une, l'angoisse, la peur. Sans doute faut il les couleurs les plus noires pour peindre une grande noirceur.

Et cependant il m'est difficile de laisser cette noirceur s'emparer de mon imaginaire — peut-être parce qu'elle trouve amplement à s'alimenter dans l'histoire dont je suis le contemporain et que la réalité de la souffrance et du mal me saute quotidiennement au visage. Mon Moyen Âge intérieur s'est nourri à d'autres sources, il résonne sur d'autres registres, révèle et satisfait d'autres désirs.

Ces donjons encore debout ont, certes, affirmé le droit du plus fort et du privilégié mais aussi une puissance et une noblesse ; ces églises, ces monastères, en quoi les modernes hérauts de la raison et de la liberté voient les monuments d'un asservissement radical, signifient encore recherche de la beauté et de la lumière. À travers eux m'est parvenu le Moyen Âge, mais avant que je les visite et les contemple, une imagerie m'y a introduit.

Il y eut d'abord les aventures du jeune Prince Vaillant, le héros vierge, bien né, impétueux, loyal, railleur et fier qui, avec d'autres chevaliers du roi Arthur ou le plus souvent seul, rétablissait la justice contre les châtelains félons dans les forêts d'Armorique, contre le barbare envahisseur viking, contre les Sarrazins fourbes, perfides et cruels de la Palestine. Qu'il chevauche ou se morfonde dans un cachot, il pense à la blonde jeune fille aperçue jadis près d'une fontaine, il la fuit mais veut la retrouver. Il porte Joyeuse, son épée « damasquinée » (étrange mot pour l'enfant qui le lisait : Damas, l'Orient des sables, des marchés, des palais...). Le preux Roland (avec qui le même enfant avait en commun le nom) possédait Durandal : au soir du dernier combat, épuisé d'avoir sonné de l'oliphant pour appeler Charlemagne, il la dépose à ses côtés, le ciel s'ouvre, il en descend des anges. D'autres héros encore, Renaud, Gauvain, Aimery de Narbonne. Et surtout, bannière à la main, sur son destrier noir, Jeanne d'Arc en sa blanche armure. Dessiné dans les marges des minutes du procès, son profil au nez court, une longue épée à la ceinture, le bûcher, les flammes, la croix embrassée, la colombe qui s'envole. L'héroïsme et la chrétienté, l'héroïsme pour la chrétienté.

Puis, avant les tableaux pleine page des livres d'heures, dans le cadre exigu des lettres enluminées des manuscrits, des personnages, un événement saisis en instantané. Silhouettes graciles, étirées selon la forme de la lettre, à la fois gauches et élégantes : princes sur leurs trônes et serviteurs, prélats, chevaliers en armes, ménestrels maniant l'archet, ouvriers bâtisseurs, manants qui poussent la charrue, têtes bouclées aux grands yeux uniformément naïfs. Tous sont engagés dans des actes bien définis et répertoriés : commander, bénir, rendre hommage, prêcher, combattre, chevaucher, tailler la pierre, labourer, chanter, jouer de la musique — et mourir. Encore des croix, des épées, un outil. Dans les mains de l'empereur le globe et le sceptre ; sur la tête des couronnes, des tiares, des heaumes. À l'arrière-plan un rempart, une tour avec des arcades, un baldaquin, un clocher. Aux vitraux, Notre-Dame avec l'enfant-Dieu ; aux tympans, le Christ en gloire dans sa mandore. À sa droite, le cortège des élus, à sa gauche, les damnés précipités dans la gueule du Léviathan. Chacun, chaque chose à sa place assignée, conformément à un ordre affirmé sans erreur, sans doute, sans question possible — alors que nous savons de ces siècles qu'ils furent si souvent confusion, chaos, luttes pour le pouvoir ou la survie. Est-ce là contradiction, paradoxe, ou bien défaillances humaines et ruptures d'un ordre *idéal* dont la vérité est infrangible, vers lequel ces mêmes humains s'efforcent et qu'ils essayent d'instituer ?

À Conques, Vézelay, Autun, en Catalogne, dans les îles britanniques, en Rhénanie ou en Lombardie, plus loin, en ces territoires aux frontières imprécises qui furent Byzance, dans combien d'humbles églises campagnardes, sous le ciseau magistral ou maladroit, au-dessus des portails ou aux chapiteaux, aux vitraux, sur les manuscrits, sur les fresques à demi effacées, partout l'affirmation simple et grandiose que la vie a un sens. Curieusement, la « conque » qui a donné au val son nom, est le coquillage qui servait aux Mayas de trompe, celui aussi par lequel Bouddha appelait ses disciples... Sur tous les continents l'homme *appelé* à réaliser sa vraie nature. Et partout sur ces œuvres de pierre, d'or, de verre, l'histoire de son effort parmi les embûches et les épreuves, les tentateurs et les guides.

Est-ce cette certitude, ces choix clairs dits en un petit nombre de signes présents en tous lieux, immédiatement déchiffrables, qui peuvent nous faire douloureusement sentir nos manques ? Et aussi la force avec laquelle est vécue l'aventure, qu'elle soit celle de François d'Assise prêchant par les routes, celle de Brendan sur les océans inconnus, ou encore celle de Tristan et Iseut qui ne peuvent être séparés, celle des Templiers en Terre sainte, celle de Jeanne qui jamais ne se renie devant les sceptiques, les tièdes, les juges, ou plus humblement, l'aventure du pèlerin marchant vers Compostelle. Toute la volonté, l'énergie, l'être rassemblé vers plus de pureté, d'amour, jusqu'à *l'extrême*, jusqu'à la mort qui n'est pas une fin.

Si, en sauvant leur trésor, les habitants de Conques sauvaient leur âme, je veux croire qu'ils ne l'avaient pas mise, comme l'avare, dans leur or, en ces précieux objets, ni même dans les reliques qu'ils contenaient. Devant Jumièges dévastée, vidée par la folie des mercantis qui en firent une poudrière, je vois, paradoxalement, une ruine qui fait apparaître la nature profonde d'une architecture, épurée, allégée, fondue aux nuages qui la traversent. Devant la châsse de Pépin ou le tympan de Vézelay, j'ai le sentiment que ceux qui ont réalisé les ciselures, les émaux, les sculptures, les nefs et les clochers ont perçu une *essence* — et qu'ils me la transmettent, qu'ils la placent à portée de ma main et de mes yeux. Je pense à la vision anagogique de Suger, l'abbé de Saint-Denis, qui rend possible de passer du monde matériel au spirituel, d'atteindre à celui-ci par celui-là. Entre les deux, non pas dualité mais continuité : le monde est fait d'un seul et même tissu.

C'est merveille que, au milieu des ruines, des champs de bataille, des nécropoles, de la rouille et des ronces, au milieu de la nuit, de l'oubli que sont maintenant pour nous les siècles du Moyen Âge, aient survécu, intacts dans leur force et leur splendeur, ces statues, ces ostensoirs, ces chapiteaux, ces voûtes. Au sein de la multitude d'objets morts qui composent notre milieu moderne, il nous est donné encore de nous *ouvrir* en contemplant ces objets précieux — comme aussi nous pouvons le faire avec les cristaux, les plantes, les vagues, les visages — qui tout ensemble, reflètent la lumière et nous font remonter à sa source. Voilà, sans combats à l'épée, ni dragons, ni sorcières, ni castels périlleux, une autre voie pour la Quête. Elle requiert aussi humilité patiente et attentive, vénération, silence et ardeur, ces vertus cardinales de mon Moyen Âge intérieur. C'est-à-dire la foi et l'amour.

# ENTRE CHIEN ET LOUP, LA FORÊT

Il y a en moi une forêt. Mon imaginaire embrasse la sylve équatoriale et la taïga sibérienne. Mon expérience vécue se tient avec prédilection dans les forêts tempérées de l'Île-de-France et de Sologne : futaies de hêtres et de chênes, clairières où s'ouvrent des étangs bordés de joncs et de prèles, pavillons de chasse en meulière, parcs à l'abandon qui, peu à peu, ramènent des échos séculaires. Mais l'Auvergne, la Forêt Noire, le « bois » québécois surtout, m'ont révélé d'autres profondeurs : l'immensité sans repère où l'on s'égare, la sauvagerie à peine repoussée, à peine domestiquée en ses lisières.

À chaque âge de ma vie, à chaque couche de ma conscience paraît correspondre une étendue d'arbres. Je flâne dans un banal chemin, une rue de banlieue morne mais plantée de quelques érables : il suffit d'une retombée de branches, l'amorce d'une voûte de feuilles... Tôt ou tard, les personnages que j'invente finissent par y entrer et s'y perdre — ou s'y trouver. Sur mon papier blanc, sur ma toile, à la pointe de la plume ou du pinceau, elle vient avec ses amas de feuilles, ses ramures, ses chaos rocheux. J'essaye de l'éloigner un peu, de ne pas céder à ses entrelacs, pour tourner la page, pour passer à autre chose. En vain.

Alors je vais la parcourir.

M'y attendent la féerie de la lumière, ses prismes, ses éclats, ses *amorties*. Ou encore l'aubaine de la pluie. Un grésillement d'abord, puis une averse sérieuse, comme un ruisseau qui viendrait de partout à la fois.

De toute éternité la forêt attend.

Dès que j'en franchis l'orée, il est déjà trop tard, je suis pris dans des rets de sortilèges. Quelque chose a commencé à se jouer : je ne ressortirai pas indemne !

Mais suis-je bien assuré d'en ressortir ? En entrant sous le couvert des arbres, je deviens Chaperon Rouge ou Petit Poucet. Et si je m'égarais parmi les arbres fantômes ? Ne pourrais-je pas quitter de quelques pas le sentier pour aller cueillir cette fleur épanouie ? Il doit bien y avoir quelque part une cabane où me recevra une femme, bonne fée ou sorcière, une chaumière de pauvres bûcherons, un château des miracles ou des bandits. Ou l'entrée humide, froide, noire du monde inférieur... Hors de ce fourré, derrière ce fût, va paraître menace ou merveille. Faut-il prendre à gauche, contourner ce rocher, céder à l'appel tendre de la mousse, obliquer vers le taillis ? Chaque instant exige un choix, chacun de mes mouvements fait s'ouvrir ou se fermer des espaces multiples qui se coupent, bifurquent, se prolongent ou s'annulent. La forêt est bien un des lieux privilégiés du possible.

Je découvre qu'elle est un étrange miroir où il ne tient qu'à moi de plonger mon regard. Je pourrais, certes, gagner le plus directement ce Lac bleu ou ce Rocher branlant que promet un écriteau. Ou bien, les yeux au sol, me laisser envahir par les mots qui ne cessent d'affluer. Rien alors ne serait changé, rien ne serait tenté hors de la coutume. Mais voici que je ralentis ou m'arrête, me penche, repars, lève les yeux. Quelque chose en moi décide, qui n'est pas seulement un ordre de ma volonté consciente. Les sens aux aguets, j'appelle les arbres, les plantes, le ciel. Ils sont là. Ou plutôt je les reçois, je vais à eux. Voilà que s'ouvre, dans cet arrière-plan, une perspective de troncs droits et obliques qui, si je fais un pas de plus, n'est plus tout à fait la même. Et les souches vermoulues se découpent selon les lignes du bois en de fantastiques cathédrales gothiques : l'image ne vient pas alors comme une comparaison, mais comme une surimpression. Soucoupes à liséré brun, des champignons sont fichés dans les troncs. D'autres, blancs ou d'un rouge gras, se dispersent sous les fougères. À mon approche, quelque part, un écureuil pousse son cri, petit battement serré, pour signaler son territoire. Je reviens un peu en arrière pour mieux voir briller l'eau sur les trèfles dans un coup de soleil, pour écouter le bruit du ruisselet qui se fait en un point caché entre deux pierres. Ou le silence.

L'évidence est là. Chaque objet rencontré a son équivalent précis dans ma vie : il y a le noir qui s'enfonce sous les racines, les branches sèches qui meurent dans le bas, ces petites grappes de baies vermillon, ces échappées inespérées dans l'enchevêtrement des taillis, ces rameaux jaunes qui déjà, inscrivent l'automne dans l'été. Et les blocs erratiques encastrés dans l'humus, les troncs vert-de-gris me parlent soudain d'un temps très vieux, connu des hommes avant moi, à perte de vue.

Il serait facile de découvrir partout des symboles ou de les fabriquer : je dois me garder de cette jonglerie, ne pas me précipiter non plus à la recherche d'un sens en éludant la sensation. Le fouillis de racines n'est pas seulement à l'image de pensées, d'impulsions, de désirs. Le rose d'une écorce de bouleau ne représente pas seulement le tendre dans mon existence. Je m'appuie à un tronc, je fais halte, je hume, je palpe, je m'allonge : tout cela est bien moi, comme l'est cette marche libre ou l'enfermement dans ma tête. Comme ce ciel est moi encore, partagé entre l'ensoleillé où flottent les plumes blanches des nuages et le couvert chargé de masses grises. Et quand mon corps se met à aller de lui-même dans le pur plaisir du mouvement, je ne suis plus partagé entre un moi observateur, lecteur de signes, et un acte s'accomplissant dans un milieu physique. Il me semble alors que, dans cette forêt, pour quelques instants, mon destin et ma liberté ont pris au long du sentier une forme visible, que se sont rejoints mon corps, ma conscience et le monde. De la matière la plus opaque et *inentamable*, l'arbre s'élève et m'entraîne vers l'éther des sphères célestes.

Je suis entré, comme Dante au milieu de sa vie, en ce lieu d'enfance et de grand âge. J'ai marché dans ce foisonnement opaque ou aéré, de ténèbres et de clarté, soudain éveillé à moi-même. Tantôt la forêt murmure, gronde ou se tait dans un silence qui est celui d'un bruit qui pourrait éclater, gonflé, énorme d'être retenu. Ou celui, ténu, de l'écorce détachée, de la brindille cassante. Ou le silence étale et noir comme cette eau de la flaque où flotte une feuille rouge d'érable. Simultanément j'ai senti le flux de ma conscience et j'ai perçu la forêt comme une musique qui, sans cesse, module et développe ses ondes.

De la forêt à moi s'est opéré un échange, un transfert, dont je ne soupçonnais pas la possibilité, qui s'est résolu en un imprévisible accord. Il entre de l'alchimie dans cette transmutation. Mais qu'étais-je venu chercher ? Peut-être une réponse m'a-t-elle été donnée avant que la question ne parvienne à ma conscience. Je portais en moi des souvenirs pâlis, des réminiscences, des mots en abondance, ceux des contes et des poèmes, des images et des tableaux, des mélodies, des timbres. Et au-delà, très loin, effacée — du moins le croyais-je —, l'expérience atavique de la forêt première. La forêt est un puissant maître, mais qui tient en réserve son savoir. Toujours elle

promet, toujours un peu plus loin se trouve le trésor ou la révélation, mais l'objet de la promesse recule. Nous sommes séduits,
et nous nous croyons dupés : nous ne voyons pas que, déjà, le
parcours accomplit la promesse. Ce jour-là, j'ai marché dans
la forêt, j'ai reçu ce que j'étais prêt à recevoir.

Entre l'Amazonie, la taïga et les forêts de l'Île-de-France,
quoi de commun ? Et au delà, dans le temps, réduites à un objet
imaginaire, les forêts de Gaule et de Germanie, et plus loin
encore, déposées dans les archives de la terre, les immense fougères, les palmes monstrueuses mêlées aux vapeurs chaudes,
qui se sont lentement englouties. Un fragment de bois fossile
annelé comme une agate, des souches rompues affleurant dans
les eaux pourrissantes, ce magma qui fait succion sous le pied,
au nom mou comme l'éponge, la tourbe. Voilà quelques repères
pour la représentation. Pour connaître, la rêverie m'est ici plus
secourable et féconde que les sciences. À travers des millions
d'années, la forêt porte jusqu'à moi l'histoire d'une différen-
ciation, parfois d'une domestication. De la matière originelle
se sont dégagées des formes, des espèces, des structures. Quand
les roches ont été refroidies, apparurent les mousses, les herbes,
les arbres. Les images prennent bien ici leur force littérale : la
terre s'est couverte d'une toison, d'une fourrure qui enveloppe
et dissimule, qui enlève de la dureté hostile, qui, à l'inerte et à
l'inorganique, adjoint la vie.

L'analogie, voire l'homologie, entre la forêt et le monde
humain s'est depuis longtemps imposée à notre esprit et le langage s'en est emparé. On parle du petit peuple des taillis, de
végétations qui vivent en parasites sur les troncs, et les sapins,
tels certains individus, font le vide autour d'eux. Une forêt
s'enorgueillit d'un chêne séculaire comme d'un patriarche puissant et honoré. Un trait physique de l'arbre appelle souvent un
parallèle dans le comportement psychologique et moral de

l'humain, — ou inversement : noueux et solide, rabougri comme un vieux pommier, droit, donc fier et loyal comme un hêtre. Entre la forêt, la mer et la foule, circulent depuis Homère et Eschyle les métaphores : la rhétorique y apporte ses richesses, et sa pacotille. Un fonds de clichés s'est ainsi constitué, entretenu et géré par des générations de conteurs, de pédagogues, de littérateurs, d'historiens, de journalistes, de peintres. La forêt n'impose-t-elle pas d'abord à notre imagination des repaires de brigands, des cavernes de géants, une chaumière où une fillette commande aux animaux, ou le château d'un prince ? La Germanie est ainsi une immense étendue noire hantée par les ours, les aurochs et quelques peuplades vêtues de peaux de bêtes. La forêt équatoriale signifie enchevêtrements de lianes, serpents mortels, pygmées insaisissables. Et la Sologne dit pour un Français chasses présidentielles. Il devient aléatoire, et peut-être inutile, de démêler les stéréotypes dont nous avons hérité et les composantes personnelles de notre imaginaire forestier.

Voici que ce dernier mot soudain s'anime... Claude, le jeune citadin, vient chez sa cousine Antoinette passer ses vacances dans la maison forestière qu'elle habite avec ses parents : j'ai connu la forêt dans ce petit « livre de lecture », comme l'on disait autrefois, avant même, je crois bien, de franchir la ligne des arbres. Dans ces récits, les promenades donnaient prétexte à des « leçons de choses ». Sur place on apprenait à repérer les essences, à cueillir les baies, à retrouver une direction par la mousse sur les écorces. Le savoir concret s'y mêlait au pur plaisir, les travaux aux anecdotes, aux légendes, aux contes de nains et de bûcherons. Avec son jardin potager, ses lapins, ses fleurs, la maison se tenait aux confins de la campagne et des bois. La bonne humeur y régnait sous la protection des adultes, avec la chaleur des repas, l'affection de la petite cousine, la promesse quotidienne de découvertes. À la fin des vacances,

Claude avait le cœur gros de retourner à la ville, mais il avait fait quelques pas dans une vie qu'obstruaient habituellement la foule et l'agitation. Et le petit livre à couverture crème bordée de vert, si modeste, si ignorant de ses pouvoirs, avait entrouvert pour moi un horizon à portée de la main mais que je ne savais encore voir. Grâce à lui, j'avais accès à une réalité faite de quotidien et d'imaginaire, fondus l'un dans l'autre, et qu'actualisait la forêt avec ceux qui l'habitaient, la respectaient et l'aimaient. Les figures tutélaires étaient présentes : la mère discrète et attentive, une fillette qui aurait pu être une sœur, le père qui, parfois, revêtait son uniforme vert bouteille avec un petit cor de chasse brodé sur les parements, le képi, le ceinturon, les bottes. C'était la tenue de fonction, à la fois de devoir et d'honneur, que conférait l'appartenance aux gardes des Eaux et Forêts — à mes yeux presque une confrérie secrète.

Cet homme, je l'ai connu. Il était un peu plus âgé que mon père, il m'emmenait parfois dans les bois, marchant avec lenteur mais comme s'il n'eût jamais pu se fatiguer. Il m'expliquait les coupes, les layons, les aires de reboisement, les braconniers, les incendies qui couvent sous les broussailles et ravagent pendant des nuits le flanc des montagnes. De loin en loin, il dépliait une carte, y déposait sa boussole, nous repartions. Le soir venait dans les futaies. J'étais heureux.

Puis il y eut d'autres forêts, et celles des livres, des musiques, des tableaux, des récits. Dans ma mémoire se rencontrent Gilgamesh et les Gaulois, Nerval et Wagner, Corot et Caspar David Friedrich, le Roi des Aulnes, Blanche-Neige, Augustin Meaulnes et Perceval. Le château qu'ils cherchent ne se peut imaginer que sur une colline encerclée de forêts. Les monstres s'y tapissent, prêts à fondre sur le poltron qui les engendre dans son cœur. L'affreuse bête velue, crochue, aux yeux torves et sanguinolents surgit en vain : le chevalier de Dürer passe sans la voir, droit sur sa monture. En son antre puant, le dragon rugit et crache son feu mais Siegfried brandit son épée flamboyante. Les racines se tendent, les branches tressent des entrelacs sous le burin de Léonard ou de Bresdin. Autour des temples d'Angkor ou du Yucatán, les lianes, où s'englue le regard, resserrent leurs anneaux comme de lents pythons qui broient une cage thoracique. Les feuillages des tableaux d'Altdorfer surabondent en une croissance qui n'aura plus de fin. Étrange pénombre glauque ponctuée de minces fûts, où la chasse d'Uccello dispose cavaliers sveltes et rabatteurs : que peut être la mort dans la géométrie de ce ballet indifférent ? Fuite du chevreuil ou course de l'homme jusqu'à ce que le cœur se rompe alors que les abois se rapprochent. Les crocs vont se planter, déchirer, dépecer. La belle Diane impassible rappellera ses chiens alors que ne restera au sol qu'un tas de débris informes, sanglants, bientôt pourrissants, comme dans cet équarrissoir humain que le Grand Forestier de Jünger a installé au fond de ses domaines. Déjà l'innommable concentrationnaire. Les supplices, les hurlements, puis le silence qui se coagule. Sous un gros œil rouge, la forêt se pétrifie, mais dans l'herbe rampent des créatures vertes avec des ventouses, des dards. Le pied ne peut déjà plus bouger, le corps se paralyse. De l'air, de l'air, des murmures, des clairières, des jardins... ! Appels de cors voilés, trilles de flûtes qui passent dans les souffles de Wagner et de Sibelius avec les fantômes des héros anciens. Les poumons se gonflent. L'aube va se lever sur l'autre face du monde. À nouveau le silence, parmi les troncs noirs dans la neige pleine de nuit où sinue un mince cortège de moines portant un cercueil, mais un silence qui monte avec l'ogive de la cathédrale ruinée. Le ciel rougeoie faiblement.

Forêts de la nuit, forêts du rêve. Chaque terme se répercute sur l'autre, la nuit investit la forêt comme son milieu privilégié et nécessaire, la forêt recueille la nuit, la garde en ses fonds avant de la laisser à nouveau s'épandre et régner. Les cauchemars dressent des arbres pour s'y glisser. À mesure que j'y évolue, les objets se métamorphosent, et moi avec eux : ils agissent sur moi, mais ne serait-ce pas réciproque ? Je constate des variations imperceptibles et continues dans la densité de l'espace. Effet de la lumière, de sa direction, de sa force, nature de sa diffusion ; grandissement de l'ombre... J'ai l'impalpable conviction qu'ici c'est plus aéré, là encombré, lourd, puissamment habité. Peut-être alors enregistré-je des rayonnements, des ondes, des énergies qui viennent des arbres, de l'eau, du sol, des rochers. Je sens mon corps différent, je le meus comme dans le rêve, avec agilité et confiance, ou avec peine, en un effort entravé, dans ce monde qui a les apparences de la fixité, et même, malgré le passage des saisons, de l'immuabilité. Cependant, il est constamment mobile, comme les figures oniriques, hors de tout contrôle, et de toute prévision. À chaque instant je suis pris de court et déjoué. Ici, dans un ruisselet, entre les cailloux, une petite nappe calme se métallise de quelque oxyde. Non, l'eau a capté et concentré un reflet de ciel bleu. Là, à travers le fourré, une surface jaune vif : on dirait une bâche tendue entre les branches. Mais c'est un jeune hêtre dont le soleil dore les feuilles déjà prêtes à tomber. Quelque chose me suit, me poursuit, je me retourne, il n'y a rien. Mais tout est nouveau, les sons, craquements et rumeurs, les masses que mesure une autre échelle, les formes que je n'identifie plus. L'espace a basculé, ou le temps, ou mon être. Des frontières s'annulent, qui me rassuraient et me retenaient.

On m'avait appris qu'une chose ne peut être son contraire, j'allais donc, renvoyé d'une paroi à l'autre dressée en regard de la première. Et voici que, le temps que je suis dans la forêt, le va-et-vient s'interrompt, la prison s'abolit. Certes, l'ordre mental ouvre des voies et des clairières, trace, surveille, allège, mais dans les souches qui se fondent à l'humus, les racines qui se tordent et s'arrachent, les troncs dans leur lente et irrésistible poussée, les forces chtoniennes mettent en scène une genèse toujours recommencée, une éternelle apocalypse. La forêt accélère la pulsion du sang, débride l'imagination, le désir, les projette au-delà, ou en deçà des formes, des règnes différenciés, du temps. Elle aiguise l'acuité du regard et de la pensée, elle rend vigilant, restaure des rapports intérieurs. Elle ramène l'être éparpillé à lui-même, lui révèle d'immenses pouvoirs.

Devant et derrière moi, au-dessus de ma tête, la forêt se referme, et elle s'ouvre selon mon mouvement. Je sais que même si elle est vaste, elle est finie, mais j'ignore ses limites et je peux difficilement imaginer son au-delà. Dans cet univers à la fois sans contours et, à chaque instant, regorgeant de détails, j'ai la sensation de tirer ceux-ci d'une existence latente, peut-être de les créer. Comme dans le rêve, mes yeux, telle la lampe frontale du mineur, découvrent des objets qui, suscités par mon regard et ma pensée, viennent à exister au sein d'une immense noirceur ambiante. Elle aussi suppose un ailleurs que je pressens, dont je peux dire qu'il existe, mais qui m'est totalement inconnu. Vaine tentative de m'arrêter, de « saisir » un objet, puisqu'il est infiniment plus riche, plus complexe, plus beau que ne le donne ma perception...

Certains choisissent de fuir vers les bois pour échapper au groupe, au clan, au dictateur. Cette fuite jette dans les ténèbres, où luisent les yeux des loups, mais le symbolique « recours aux forêts » (dont Ernst Jünger se fait l'avocat en ses derniers ouvrages) est aussi une promesse. Il n'affranchit pas seulement de la loi tyrannique du père et du collectif. Comme l'ermite, cet autre rebelle, l'exilé volontaire s'y sent plus près d'une autre liberté, d'une autre lumière.

Quand je suis entré parmi les arbres, une trouée de soleil tombait sur les gouttes laissées par l'averse. Un coup de vent les secoua. Les ramures s'apaisèrent, la lumière nimbait les fougères et les taillis qui frémissaient à voix très douce. Une branche solitaire portait des feuilles rouges. Il y en a eu d'autres, de plus en plus. Les feuilles descendaient vers l'humus, craquantes, ensuite gorgées d'eau parmi les branches nues. Très noires, puis à peine poudrées, puis enchevêtrées dans la neige qui monte au long des troncs. De menues traces étoilées s'y croisent comme des histoires multiples, bientôt effacées, recouvertes. Une goutte se gonfle à la pointe d'une ramille. Sur les troncs les coulures s'élargissent. De petites baies rouges ont survécu à l'ensevelissement. À moins qu'elles ne soient toutes nouvelles, comme ces feuilles qui déjà se déplient, alors que je sors du couvert des arbres.

# TAILLÉ DANS LA PIERRE

Comme tant d'autres enfants je coupais des branches pour en faire des bâtons. Dans les champs ou les chemins je ramassais des cailloux parce que leur forme me semblait curieuse, ou leurs couleurs, ou parce qu'ils portaient des stries qui faisaient des dessins. C'étaient des jouets et j'avais le privilège, moi petit citadin, de ne pas compter seulement sur ceux qu'on admirait dans les vitrines mais bien de les découvrir dans la nature, n'importe où et toujours imprévus. J'apprenais à sentir la consistance, le poids, la texture et la substance des objets, et ils s'offraient, attendant que je les recueille. Je le faisais avec respect, les gardais dans mon poing serré, les emportais avec moi, avant de les jeter, ou plutôt de les abandonner, pour me tourner vers d'autres trouvailles. Alors que tant d'autres circonstances ou événements m'isolaient, je sentais peut-être confusément qu'ainsi je me *reliais*. De ces cailloux je faisais des petits tas ou je les disposais sur le sol : ils devenaient des signes. Ces branches, je les écorçais, les incisais : elles portaient dès lors ma marque et devenaient aussi des signes. Je ne leur voyais pas d'autre utilité, ou emploi, ou destination, même si je pouvais entrechoquer deux cailloux ou avec mon bâton gratter la terre. J'ignorais encore que, de la sorte, je reproduisais les gestes de nos plus lointains ancêtres : avant qu'ils imaginent d'en frapper un adversaire, un animal, un arbre, de les lier à des branches pour les lancer, j'aime à croire qu'ils ont saisi des pierres parce qu'elles parlaient, si obscur fût leur langage.

Et aussi comme tous les enfants munis d'une pelle et d'un seau sur une plage, je creusais, mais c'était dans la terre noire du jardin. Je ne sais ce que j'espérais trouver mais j'aurais voulu que mon trou fût très profond, et pouvoir y descendre comme les ouvriers dans leur tranchée, ou les puisatiers. Un jour il m'a semblé entendre un bruit inquiétant dans le fond, un gargouillement. En hâte j'ai rebouché le trou comme si j'avais réveillé quelque bête ou touché les entrailles enfouies d'animaux. Mais aujourd'hui encore je me baisse pour regarder l'entrée d'un terrier : qui ou quoi se cache là que je pourrais débusquer ou qui pourrait refermer sur moi ses crocs ? Lors de mes vacances campagnardes je tournais, malgré les mises en garde, autour d'un puits de mine désaffecté depuis un demi-siècle, où l'on voyait encore parmi les crassiers, des poutrelles et des ferrailles au-dessus de l'ouverture bouchée d'une énorme plaque. On disait le puits profond d'un kilomètre et plein d'eau. Un frisson me saisissait à la pensée de la chute... Pendant la guerre nous descendions dans les abris alors que, très haut, les avions volaient vers leurs cibles inconnues, mais que nous voulions lointaines, et nous attendions la fin de l'alerte.

Pour entrer dans la cave de mon père il fallait descendre quelques marches en se baissant. Avant que l'électricité y fût installée on allumait une chandelle, et à la flamme tremblotante apparaissaient la voûte de moellons à hauteur de nos têtes, puis le sol de terre battue, le coin où l'on gardait les pommes de terre. Jaunes et fermes à la récolte, elles s'amollissaient sous la pelure brunie d'où sortaient peu à peu les germes violacés. Les tonneaux pansus et cerclés reposaient à côté de la cuve, avec le robinet de bois et la bonde en liège dont il fallait vérifier l'étanchéité. À portée de la main, un verre pour se désaltérer, ou plutôt pour goûter et comparer, avec recueillement, le cru nouveau. Il flottait une senteur de moût fermenté et celle, plus sourde et tenace, du vin. Cela parlait de très long repos et d'attente, d'un travail caché sur lequel nous n'avions aucun pouvoir mais qu'il fallait laisser se faire, comme un sommeil. Il faisait doux, un peu humide et silencieux. Je me sentais très loin, en suspens, et quand nous remontions, j'émergeais d'un monde où il n'y avait ni mouvement ni temps.

Plus tard je visitais les « curiosités naturelles » de ma région : grottes banales qui ne recelaient d'habitude qu'un peu de bois calciné et des excréments, sources pétrifiantes ruisselant sur un rocher, ou encore le lieu grondant comme un tonnerre invisible d'où jaillissait l'eau qui alimentait notre ville. En d'autres régions, à flanc de roc crayeux, des orifices, dont on avait fait parfois des pigeonniers. Des hommes, des femmes s'abritèrent là, se cachèrent de leurs persécuteurs, ils ont construit des logis, des greniers, des chapelles, une ville ramifiée dans ces falaises friables, ces rochers en pain de sucre de Cappadoce. Ils y ont eu la vie et la foi sauves. Mais plus anciennement encore ? Des cultures primitives, d'autres civilisations, jusqu'à ces chasseurs qui, au fond des cavernes comme à Pech Merle, dansaient autour de l'ours d'argile qu'ils avaient dressé et qu'ils lardaient de coups de lance. Du plafond de la caverne pendait une longue racine. Les tumuli de Bretagne, derrière un vieux guide bougon à l'air un peu fou, dont on craint qu'il éteigne sa lanterne et nous laisse parmi ces niches où des crânes nous regardent. Si l'on se retourne on ne voit plus rien, que le noir, et en avant y a-t-il une issue ? Lascaux, bien sûr, long boyau sinueux... Il y a des millénaires un homme, une torche fumeuse à la main, faisait naître sur les parois des chevaux, des taureaux, des cerfs pour leur parler, les invoquer. Que font maintenant ces bêtes quand elles sont seules dans l'obscurité ? Plus profond encore, à Padirac, dans ce « gouffre » — un mot qui donne le frisson —, parmi les ruissellements, les égouttements infinis au long des colonnes doucement effilées, plus d'autres créatures vivantes que des batraciens aveugles et des insectes. Dans l'entaillement des talus et des carrières, dans le feuilletage des argiles et des calcaires, j'ai souvent cherché des fossiles. Au Rocher Percé, tranchant comme une hache, tendu comme un arc, en décollant des lamelles de schiste, parfois paraissent des empreintes en creux, parfois même l'aubaine du trilobite moulé dans sa gangue. Arborescences, fougères imprimées sur la dalle qu'on a clivée, énormes ammonites enroulées, poissons d'épines buissonnantes. Peut-être des survivants des déluges, des cataclysmes du temps, dans les fonds abyssaux, les lacs écossais, les cavernes de l'Himâlaya, dans les replis de la terre.

Tout cela déjà — et bien avant que je me soucie d'analyser les mythes premiers ! —, je le trouvais dans les romans de Jules Verne, au creux tiède de ma chambre de convalescent : j'imaginais le monde avant de le parcourir et de le toucher. Déposés déjà dans le *Voyage au centre de la terre*, les signes et les lieux, les runes qui annoncent l'entrée secrète, la descente vers les profondeurs, la caverne immense comme un paysage de la surface avec ses forêts, son ciel, la mer, les animaux antédiluviens et, à la fois témoin, gardien, maître et prisonnier de ce royaume, un géant. Et tout cela baignant dans un crépuscule — mais le mot est impropre —, plutôt une nuit lumineuse, avec des feuillages, une clarté de nulle part et de partout, comme celle du chemin au bord du fleuve où je marche avant le sommeil, sous les arbres et les étoiles, les nuées, les lueurs au-dessus des falaises : prélude aux rêves, bientôt.

L'enfant creuse un trou dans la terre ; l'ermite se retire dans une caverne pour y méditer ; le chasseur magdalénien s'engage dans le boyau vers la salle souterraine. Un fil relie ces gestes, l'obscure conscience que si l'on pénètre assez loin et demeure assez longtemps dans les profondeurs, quelque chose sera révélé. Parce que — bien avant que les mythes de la création nous soient racontés et avant que la renaissance d'un paganisme « New Age » en ait fait un lieu commun —, nous savons que la terre recèle, protège, engendre, elle absorbe et nourrit puis laisse aller.

J'avais écrit une note sur les « cérémonies » préhistoriques, je lis : « mémoires » préhistoriques. Le lapsus rappelle bien, si besoin en était, que la pierre est mémoire. Pendant mes pérégrinations campagnardes je trouvais des croix de chemin couvertes de lichens jaunes et, une date à peine lisible sur le socle l'indiquait, vieilles de deux ou trois siècles. Ce n'était pas comme dans les calvaires bretons le déploiement d'un drame mais la simple et fruste figure d'un homme aux bras écartés. Plus anciennes encore, aux tympans des églises rustiques, d'autres figures, corps trapus, bras étirés comme des ailes pendantes, et sur les chapiteaux, des anges peut-être, à moins que ce ne fussent des diables hideux qui tiraient la langue ou faisaient la culbute. Je savais évidemment assez de catéchisme pour déchiffrer ces sculptures mais je pensais surtout au temps où elles avaient été taillées, à la patience de ceux qui, malaisément, avaient tenté de les dégager et de les faire vivre, à l'aspect que pouvaient avoir alors les champs, les villages et leurs habitants. Et il y avait aussi cette pierre dressée, ce menhir qui dépassait un mur comme si le paysan avait voulu l'enfermer dans sa cour, peut-être parce que cela porterait bonheur, ou plutôt parce que tenter de l'abattre attirerait le malheur. Les labours livraient parfois d'antiques vestiges : je retournais dans ma main une petite hache de pierre polie, je prenais plaisir à la sentir dure et douce, pleine dans sa symétrie d'une force en réserve : j'aurais voulu la garder comme un talisman.

Dans une boîte de fer-blanc, perdue lors d'un déménagement, je conservais quelques fragments de plomb argentifère, de fluorine, d'améthyste communs dans notre région, et des petits blocs bleus ou verts que j'imaginais venant de lointains pays. Ils me suffisaient pour imaginer les merveilles que trouvaient les chercheurs de diamants et qui portaient de siècle en siècle ces noms fabuleux de Koh-i-Nor, Grand Mogol, Régent, Étoile du Sud. Ils furent extraits de la gangue, ils devinrent la gemme qui concentre en son foyer la lumière incandescente. Par ce passage, la géode première offre un magnifique symbole.

L'extérieur de l'« œuf » reste inaperçu, couleur de la terre où il s'est formé. Par cette origine, il lui appartient, puis il a cessé de dépendre de lui. À l'abri de ses écorces successives lentement durcies, rien ne peut plus l'atteindre si ce n'est une violence extrême qui le fracasserait. Ou bien on peut imaginer qu'il s'ouvrirait de lui-même à qui saurait, tel Orphée, l'apprivoiser, le charmer. Plutôt que de se dissoudre et perdre ses énergies dans le sable ou l'argile ambiants, il a pu croître vers l'intérieur, y mûrir et affiner ses cristaux selon une parfaite architecture et une liberté qui permet toutes les fantaisies, tous les délires.

L'analogie est évidente avec l'histoire d'un humain soucieux exclusivement de progresser vers son centre, s'efforçant à toujours plus d'éclat et d'intensité, de transparence et de pureté, et ne vivant que dans la totale fidélité à l'appel de ce foyer intérieur. La configuration même des cristaux, ceux d'un fragment d'améthyste que je tiens dans ma main, enseigne ce que pourrait être cette croissance. Collée fermement à la croûte externe mais distincte d'elle, une zone brunâtre et opacifiée par les oxydes semble le précipité des scories de la pierre, mais aussi la réserve d'énergies brutes qui a permis l'émergence du cristal. Lui est superposée une couche granuleuse et incolore, intermédiaire entre le fond trouble et l'efflorescence des cristaux où la pierre s'est enfin individualisée. Ils sont joints par leur base mais les pointes se dégagent, s'affirment en face de la lumière, la composent par le jeu des plans, des figures géo métriques, auquel s'ajoute celui de la couleur en ses valeurs et nuances. Cette constellation terminale, l'œil ne finit plus de la déchiffrer, et elle est unique.

On peut donc imaginer qu'un être aspire à cette réalisation du cristal, toujours virtuelle, provisoire, jusqu'à ce que la mort la fige dans une forme ultime mais aussitôt détruite. Et je sais aussi que sa forme parfaite, l'être ne l'atteindra pas par son seul vouloir, ni par ses seules ressources...

Ainsi l'homme concourt à la purification de la substance, participe à son accomplissement. Ce passage qui s'opère par la main, l'application, la science et le désir de l'homme, n'est-il pas l'opus alchimique ? Des décennies après que j'eusse recueilli ces cailloux, galets, cristaux, les livres de Jung me disaient ce qu'au tréfonds de moi je savais : la pierre est liée à l'expérience religieuse. Nous y projetons notre inconscient, notre Soi. Tailler le diamant à partir du bloc pour en dégager l'éblouissante gemme n'est pas seulement produire l'objet parfait. C'est l'analogue — et l'oméga — de notre tâche : faire en sorte que la lumière de l'esprit demeure en nous et dans l'éclat aussi grand que le permettent nos forces.

Bien des mots commençant par « géo » m'apparaissaient nimbés de mystère. Non pas la géométrie, austère discipline où je perdais vite pied, mais la géologie, et celui qui la pratique, doué du coup d'œil vif et d'une inépuisable patience, auscultant les carrières, les brèches, les éboulis et les falaises.

Et simplement, la géographie, « matière au programme » qui ouvrait mon espace de sédentaire obligé : peu m'importaient la projection de Mercator ou la précession des équinoxes, j'apprenais à reconnaître les pays, les reliefs, les fleuves, les montagnes, les peuples et leurs créations.

« Écrire la terre », décrire la terre — ou écrire sur elle. Le monde, vaste et vague, présent et insaisissable, a d'abord été pour moi une carte, sa représentation donc, par des contours, des couleurs, des noms étranges. J'aime feuilleter mon atlas à ces pages qui figurent les plateaux, steppes ou massifs de l'Asie centrale d'une complexité inouïe, vers le Karakoum, le désert de Gobi, l'Himâlaya, le Tibet. Là où l'on pénètre avec peine, avec « crainte et tremblement », au risque de se perdre, mais avec l'espoir de toucher son être profond. Là s'unissent la forêt et le désert, le roc et l'herbe, le sable, l'eau, le glacier, le volcan et le ciel, le sauvage et le sacré, le vide et le plein. Dans ce monde plus nu, l'homme plus nu peut rencontrer sa vraie nature. Dans mes rêves souvent, je consulte des cartes : des pistes convergent vers une énorme cité au cœur de l'Afrique, trois villages découpent un triangle en Calabre, la côte nord de Sibérie est peuplée de Samoyèdes aux yeux bridés, des navires cinglent vers les îles Fidji. Quelles puissances me magnétisent vers ces lieux, réels ou fictifs ? quels symboles ? pour quelles révélations ? Je repère des parcours à travers ces régions indéchiffrables mais intimement assuré que ma tâche me conduit à les déchiffrer. Voyages oniriques sans nombre, sans cesse repris. Explorations toujours inachevées. Exaltation du projet et du départ. Chemins de la purification et de la transformation.

Les contrées que dans mon imaginaire ils traversent sont faites essentiellement de pierre. Pour moi elle a été l'élément premier — les maisons, les carrières, et à distance les montagnes. J'excursionnais vers des grottes, la « montagne percée » qui s'ouvrait comme par une lucarne naturelle sur la ville et la vallée, vers la « pierre branlante », vers une falaise surplombante d'où une « pucelle » avait sauté pour échapper à son poursuivant... Je voyais tailler la pierre de construction, on évoquait la taillerie de pierres fines de Royat. Mon père se servait d'une pierre à aiguiser pour affûter sa faux. Et encore il y avait les pierres tombales, serrées les unes contre les autres, au cimetière où s'entassaient les couronnes en perles de verre et les aiguilles de pin, portant le nom de familles de notre quartier — plus tard, le nom de la mienne... Dessous, des crânes, des squelettes, comme ceux que parfois le pic des terrassiers extrayaient du sol en creusant des fondations. Ou ces restes rompus, encroûtés de calcaire, des chasseurs paléolithiques qui gisaient dans l'obscurité des cavernes depuis des dizaines ou des centaines de siècles. La pierre et les os, et les crânes. La pierre et la mort.

J'ai donc pris contact avec le monde physique par ce qu'il avait de plus résistant, là où il retient, embrasse et conserve, là où il témoigne durablement. Les lacs montagnards qui, comme les cratères des volcans éteints, l'entamaient par des failles, étaient eux-mêmes tributaires du minéral. Une moraine avait retenu l'eau dans un étranglement ou bien elle emplissait un ancien cratère, formant un cône vertigineux, presque insondable. Elle pouvait engloutir les nageurs imprudents, et l'occupant, pendant la guerre, y avait peut-être immergé des armes, des trésors... Des sources souterraines les alimentaient, l'eau devait s'écouler par quelque conduit, mais ils semblaient immobiles et immuables. Et au-dessus, alentour de cette pierre, je voyais le ciel, le mouvement de l'air qui l'enveloppait, la caressait, la nuançait sans fin de toute sa lumière et de toutes ses ombres. Sans doute en ces paysages minéraux qui m'habitent (et qui paraissent avec tant de constance dans mes dessins) je prenais conscience de l'âge de la terre, d'une épaisseur inimaginable du temps qui s'y est déposé.

Écrire la pierre. La pierre elle-même écrit par ses arêtes, ses filons et filigranes, ses cristaux, ses transparences et ses opacités, par ses orbes, griffures, stries, taches mousseuses ou lamelles. Elle affirme et impose, ou bien elle glisse une allusion, un écho. Elle suscite les mots, sonores et magiques : granit, basalte, trachyte, porphyre, marbre, mots presque aussi beaux que ceux qui désignent des pierres précieuses. Comme chez Caillois qui l'a réalisé avec tant d'art, elle lance l'arabesque de la phrase, pour que ces mots et ces phrases prennent la densité parfaite et définitive de la pierre elle-même. D'abord elle a appelé l'inscription matérielle par le ciseau : sont nés alors les hiéroglyphes, les runes qui, avant même de transmettre un récit, ont invoqué une protection, pratiqué une magie, adoré une Présence. Avant l'écriture, la hache de pouvoir et le taureau gravés sur les mégalithes à Locmariaquer ; à Gavrinis, les spirales par lesquelles on entre peut-être dans un autre monde. Le geste s'inscrit dans la durée, et par ce geste on accède dans l'au-delà de la durée. Ce geste de tailler, graver, sculpter ne prépare-t-il pas à franchir ce seuil ? Par la patience, le soin, la vigilance, donc par *l'usage du temps* qu'il exige, il travaille sur celui qui l'accomplit. J'ai observé les carriers avec leur ciseau qu'ils appliquaient sans hâte et le marteau qui frappait : ils recommençaient comme s'ils devaient continuer toute leur vie.

Peut-être attribuons-nous à l'écriture le même pouvoir, en espérons-nous le même effet ? Écrire comme équivalent de tailler, graver, sculpter. Toujours recommencer, sans cesse répéter et prolonger. Esclavage ou libération ? Est-ce là entretenir une illusion, celle précisément de croire qu'ainsi nous pourrons franchir le seuil, nous rédimer, nous convertir, — ou bien nous livrer à une pratique efficace comme une patiente ascèse ?

Dans la forêt, l'énorme rocher laissé par les glaciers sur lequel s'enchevêtrent des racines. Quelque part dans un temple ou un musée, une tête de Bouddha khmère, les statues du portail de Chartres, les Vénus grecques, à Rome la *Pietá*. Et sur le chemin de cette perfection achevée, le travail surpris dans son mouvement des esclaves du même Michel-Ange, prisonniers de la pierre dont ils ne peuvent jamais complètement se dégager. De temps immémorial les hommes ont fait du geste de tailler un art et une noblesse, de celui de casser la pierre une tâche vile, un châtiment et une malédiction : cantonniers, bagnards d'antan, et aujourd'hui sur les routes de l'Inde, des femmes et des enfants écrasés par le soleil. Vu à distance le geste est à peu près identique : frapper d'un marteau. Mais l'immense écart tient à l'habileté, à l'invention, à la science de l'ouvrier-artiste, à la destination de l'objet, à sa rareté ou à son unicité, à la collectivité qui porte cet objet et à son auteur. Le va-et-vient entre la main et le regard, entre la conscience et le bloc, par l'entremise de l'outil, définit l'action de l'homme sur la pierre, et de celle-ci sur celui-là : un affinage, un dégagement réciproque de l'essentiel. Celui qui sculpte ou taille la pierre, qui l'assemble pour bâtir ou la casse, ou celui qui simplement la contemple, je veux les croire sur la voie.

# RÊVES DE SABLE

Un talus, la tranchée où s'engage la voie ferrée, les plages de la Méditerranée ou de l'Atlantique, les plateaux qui précèdent le Sahara, la Palestine, les steppes brûlantes d'Afrique orientale, des dunes un peu partout. Tous ces déserts qui, depuis l'enfance, riment en moi, Arabie, Gobi, Kalahari, et qui, parfois, passent derrière mes paupières... Mon premier poème, laborieux sonnet où « vers l'horizon vague va l'Arabe blanc »... Lawrence et Saint-Exupéry, Malraux et Saint-John Perse, les archéologues fouillant Ninive et Persépolis, les pères du désert, la rose des sables ouverte comme une orange...

Le sable d'or, ou de sang, est dans mes mains. Incessamment il bouge, et il s'inverse. On en a fait l'image de la permanence : nous trouvons toujours, inchangés au rendez-vous comme les montagnes, la plage et le désert. Il survit aux civilisations qu'il enfouit, aux fleuves qu'il assèche, aux océans qu'il comble, mais entre « sable » et « stable » notre langue ménage l'écart décisif d'une lettre ! Les châteaux de sable sont à peine plus réels, à peine moins fragiles que les châteaux en Espagne, et bâtir sur eux ne peut faire illusion que quelques instants. En même temps que l'immuable, il représente le mouvant, le peu sûr — comme s'il ne renonçait jamais à être double.

Le sable ou le mouvement immobile. Son activité s'apparente à celle des bactéries, celle des atomes, aux lentes organisations magnétiques. Alors que je vois la paroi rocheuse se fissurer par le gel, alors que glaces et neiges se résolvent en cascades et me donnent le spectacle et, pour ainsi dire, le théâtre de leur dégradation, le sable se fait dans les creux, dans les fonds. Il semble venu de nulle part. Fluide comme une eau, il peut se couler partout, mais à la différence de celle-ci il ne requiert pas de contenant puisqu'il est lui-même son propre contenant.

Quelle barrière lui opposer ? Des plantes peut-être, par lesquelles on a voulu fixer les dunes, si les racines peuvent y adhérer. Quelle matière, marbre ou métal, peut lui résister quand il est violemment projeté par l'air ou simplement porté par son allié naturel, le vent ? Siroccos et simouns traversent l'espace et les mémoires comme des fléaux : la mort brûlante et tourbillonnante du Sud, qui a son pendant dans le blizzard glacé des pôles.

Avec l'eau il entretient des rapports plus ambigus. Elle le charroie, le dépose et il marquera après des millénaires la place des mers, mais en même temps il bâtit pour son propre compte, recouvre le puits dans l'oasis, envahit le delta. L'eau se trouve donc repoussée, obligée de se frayer d'autres voies où le sable continuera la même activité. Tous deux sont engagés dans des entrelacements sans fin, dans de subreptices chassés-croisés. Tous deux sinuent et s'insinuent. De leur union sort parfois cette matière où l'un et l'autre perdent leur identité, la vase chaude qui suce et englue mollement, avec une douceur obscène. Mais l'eau finit par s'en retirer, il ne restera plus qu'une croûte craquelée qui perd sa puanteur en devenant poussière.

Toujours le sable cède au vent qui balaye, à l'eau qui ruisselle : il abandonne le terrain, mais seulement pour aller s'amasser plus loin. Il paraît, ou il est, indestructible parce qu'il est fluide, invincible parce qu'il est secrètement mobile. Il tire sa force de sa ténuité même. Mais aussi de sa lenteur : par elle, il viendra à bout de n'importe quel obstacle, de n'importe quelle proie. Il prête sa patience à cet insecte, la fourmi-lion, dont il devient le complice, qui y creuse un entonnoir où tomberont d'autres insectes. Qui s'épuiseront à remonter la pente déboulante, creusant en réalité leur tombe puisque le petit carnassier n'aura plus qu'à saisir la proie épuisée. Ou bien le sable travaille pour lui-même dans ces immenses étalements que l'on appelle mouvants, à l'embouchure d'un fleuve, au large d'une côte qu'ils défendent avec une efficacité qu'accroît la panique des victimes. Autour du Mont-Saint-Michel, j'imagine les yeux dilatés, les mains qui se crispent dans les spasmes, les bouches qui hurlent — en vain car un témoin éventuel ne peut qu'être spectateur de la mort —, l'aspiration vers le bas avec de savantes variations de lenteur. Le piège peut encore se dissimuler dans une forêt, une lande : ces trappes silencieuses ne s'ouvrent pas sous le pied mais absorbent, partout répandues, partout aux aguets, comme des zones redoutables et floues de la terre. Les lieux de la mort.

Dans les déserts, le sable est circonscrit, la mort aussi. Elle s'y affiche et par là, elle paraît moins inéluctable, bien que multiple : la chaleur, le froid, l'épuisement, l'aveuglement, la soif. Peut-être la patience, la prudence, la prévoyance parviennent-elles à la circonvenir ? Le nomade, qui fait sa demeure dans le sable, réussit à l'apprivoiser. Quelles richesses gagne-t-il alors à cette fréquentation ? Un visage buriné, c'est-à-dire durci et simplifié jusqu'à l'essence, qu'il dissimule. Les yeux sont seuls découverts : ainsi l'homme réduit-il l'emprise du désert sur lui. Il semble aux aguets derrière l'interstice du voile comme derrière une meurtrière ; il épie la venue du danger mais aussi, en concentrant dans ses yeux tous ses pouvoirs, il établit sa suzeraineté sur l'espace. Nous n'imaginons guère l'habitant du désert autrement que comme un maître, cruel parfois ou généreux, perfide ou d'une loyauté à toute épreuve, lent et sûr de lui, ou emporté par des violences fulgurantes. Il jette tout son poids de l'un ou l'autre côté, sans retenue, sans mesure.

Je ne sais pourquoi au mot de « sable » s'attache pour moi vaguement l'idée d'aristocratie. L'emploi du terme en héraldique a sans doute joué moins que le nom — entendu de la bouche de mes parents — d'une famille noble qui avait des terres dans notre région, de la Sablonnière. Aristocratie surtout parce que chez cet homme du désert tout peut être extrême et contrôlé. Le contact physique du sable par un patient frottement amène la forme, qu'elle soit dans le bois, le métal ou la pierre, à son accomplissement, à un poli par élimination de la surcharge, de l'accessoire, de l'aspérité, donc à sa perfection. De même, au contact du désert, les forces de l'âme et les passions doivent exister dans leur essence pure, dans une transparence flamboyante. Elles ont l'immensité pour s'y déployer.

Le paysage de sable lui aussi est simplifié. Son intensité vient de son allègement. De sa monotonie, dit-on couramment, selon la ressemblance très évidente avec la mer où une vague succède à l'autre sans rien pour retenir l'œil. Mais le paysage de sable exige une qualité différente du regard. Peut-être faut-il le rêver autant que le contempler, le laisser naître dans notre silence intérieur comme le désert lui-même engendre son silence. Je n'en ai vu que les approches, mais mon imagination a suivi les caravanes sur les traces de Marco Polo. J'ai laissé les mots m'envahir et se répandre en moi, la voyelle de « sable » comme celle de « plage » ou « rivage » s'allonger en ondes liquides. Viennent alors des images de lenteur, des images de courbes sans fin qui s'enchaînent sous le ciel. La dune

s'arrondit, s'incurve, ménage parfois derrière sa crête un retrait inattendu. Féminine et sensuelle, mais d'une sensualité
trompeuse qui se dérobe toujours à l'accomplissement du désir.
Le sable établit ses formes par de grands ensembles de courbes.
Il hypnotise par leur déroulement figé de volutes, d'acanthes
et de fuseaux, par les modulations de leurs ombres. Chez qui
les contemple naissent des gestes glissés, des caresses, qui ne
saisissent pas mais effleurent.

Je regarde un morceau de désert découpé par la photo : l'œil
suit l'arête nette d'une montagne de sable totalement lisse et
nue, comme un Z immense qui se détend dans sa force calme,
séparant la lumière de l'ombre. Mais au-delà de ce détail isolé
dans sa pureté parfaite, la vision en altitude révèle une complexe ordonnance. Les ondulations se rassemblent et se raccordent en sinuosités multiples, presque frémissantes, gouvernées
par des lois invisibles. Tout se passe comme si, dans le détail
de ses constructions, le sable laissait voir un ordre nécessaire
et comme si les ensembles échappaient à cet ordre, entraient
dans le domaine de l'aléatoire. Par quel mystère le sable
répondrait-il donc simultanément à la nécessité et au hasard ?
Ne serait-ce qu'une apparence que viennent dénoncer d'autres
formes qu'il prend : non plus les vastes courbes mais les rami-
fications de l'arbre ? Sur la plage, l'eau qui redescend vers la
mer avec le jusant suit des chemins imprévisibles pour nous
mais rigoureusement logiques puisque la pente seule, c'est-à-
dire la ligne de moindre résistance, les commande. D'où, à partir
d'un tronc plus large, ces veinures minuscules qui, à l'occasion, recomposent des canaux plus nourris. Vus d'avion, les
deltas du Nil ou du Gange sont les arborescences démesuré-
ment agrandies de quelques centimètres de plage. Le sable livre
ici cette homologie totale entre le très petit et le très grand qui,
nous disent les ésotéristes, les alchimistes ou les cosmogonies

d'Orient, constitue la clef de l'univers. Ce n'est pas un hasard si le moine zen choisit de méditer devant un jardin de sable. Il y voit l'infini de l'espace et l'éternité.

Non seulement le sable suggère-t-il des images du temps mais il est lui-même temporalité, autant qu'il est forme et volume dans l'espace. D'abord par sa fabrication et le cycle de ses états : né de la pierre par fracture, égrenage, il se reconstitue en pierre par une nouvelle agrégation. Très menue monnaie du minéral, il redevient, après une existence autonome ouverte aux forces de l'extérieur, un bloc dense, que l'on imagine immuable mais qui sera soumis au même processus. Le grès issu de tassements puissants est, par le dessin de ses stratifications, lui-même une histoire. Nous pensons, bien sûr, à la proche analogie de l'eau qui durcit ses cristaux de neige dont, pendant tout un hiver, les couleurs et les textures racontent les chutes successives avant de se résoudre en liquide. Et il y a surtout le sablier — dont je trouve la passion chez Ernst Jünger —, qui a la même forme que le signe mathématique de l'infini. Le sablier mesure le temps mais aussi il le rend visible, non pas dans son épaisseur comme le fait une coupe géologique, mais dans son écoulement. Le globe supérieur contient tout l'avenir virtuel, que nous pouvons tenter, jusqu'à notre épuisement, d'élargir à l'infini. Le sable qui se dépose dans le globe inférieur appartient donc au passé. Le présent se réduit à ce capillaire minuscule, à cet écoulement grain à grain qui tend à l'existence abstraite du point géométrique. De même, ma conscience, au moment où j'écris, est ce lieu aigu où mon être se rassemble, foyer et passage d'un futur vers un passé singuliers. Mais la main renverse et inverse la sablier... Qui sait si, dans le cosmos où « début » et « fin » n'ont pas de sens, le passé ne devient pas futur et le futur passé, qui sait si ce qui est à venir et ce qui est accompli n'ont pas la même réalité ?

Dans les sables de l'Arabie, en des lieux dont on connaît mal l'emplacement, sont enfouies des cités fabuleuses et incertaines. La légende suffit, l'archéologue ne pourrait que nous décevoir : l'imagination dit ici plus que le savoir. Elle dit que le sable est habité, mieux, qu'il est hanté. Par des hommes qui y ont vécu, par des mystères qui, peut-être, s'y déroulent : quel monde plus impénétrable, plus dérobé — si ce ne sont les Andes et l'Himâlaya —, du golfe persique à la Mongolie, pourraient-ils choisir pour leur célébration ? Des civilisations se sont édifiées sur des terres autrefois fertiles, elles ont décliné par épuisement de leur sève propre ou bien, parce que le sable guettait, elles sont mortes.

Le sont-elles vraiment ? On imagine que, comme les petits crustacés sur la plage, elles se sont enfouies en des galeries, des villes, des palais souterrains et elles continuent une vie autre, dans un autre plan de réalité. Le sable apparaît ainsi comme une immense mémoire. Il recueille et occulte, il livre à nouveau son butin ou s'y refuse selon des lois qui ne nous sont que caprices. Le sable, comme la mémoire, garde, c'est-à-dire aussi vole. Les pirates d'antan, ai-je lu dans les romans d'aventures, enterraient dans le sol des plages leurs rapines. À Carthage, le ruissellement des pluies dégage parfois des monnaies puniques et romaines, que l'on vend aux touristes. Les siècles ont passé, l'objet dérobé est à nouveau sous nos yeux, identique, mais son sens n'est plus tout à fait le même : l'effigie ne se reconnaît plus, l'inscription se déchiffre avec peine. Le sable a travaillé sur le souvenir. Il le conserve, le modifie, ou l'efface ; il raconte une histoire avec une intensité aveuglante ou il ne laisse même pas supposer qu'elle ait eu lieu.

Sur la plage, des lignes composées de très petites marques étoilées s'éparpillent puis se réunissent et se recouvrent confusément : le moment de la curée pour des mouettes ou des pluviers avant l'envol. Suivre des empreintes de pas, c'est à peine reconstituer, plutôt lire une tranche de la vie d'un être humain, pénétrer au passé, presque en voyeur, dans son intimité. Ses actes sont plus clairs d'être réduits à des traces, ils sont devenus des signes, une écriture, tout comme l'eau ou le vent écrivent sur le sable. Ces pas ont choisi une direction, rectiligne ou une autre qui s'incurve et oblique ; ils s'arrêtent, piétinent, reviennent en arrière, se perdent en terrain dur. Parfois une autre trace suit la première, la croise, la double ou l'accompagne. Derrière ces pas existent un corps avec des sens, des objets qui l'ont sollicité, une mémoire, des projets plus ou moins formulés, une pensée qui va sa ligne, une rêverie qui suit sa pente. L'histoire d'un être face à lui-même et au monde, dans sa solitude, ses déterminismes et sa liberté. Découvrir des pas donne l'émotion de la première rencontre avec un inconnu : incertitude, espoir tâtonnant, peut-être confiance immédiate ou soupçon et peur. Robinson découvrant des pas sur son île... Une trace dans le sable est toujours un drame, et une trace de sang y impose la tragédie avec à peine moins de violence que sur la neige.

Le sable, en effet, parle de la mort et de la vie. Il parle de l'errance. Il prend les couleurs de notre existence et de notre être : presque blanc, scintillant à l'infini, lumineux comme un miroir qui reflète le vol des oiseaux et des nuages, ou sombre, bouché et compact comme un poing fermé. Il épanouit sous la caresse du bonheur celui qui s'y ouvre ; il cache, isole, enfouit et détruit comme la mélancolie et le refus. Il a ses ors et son sel, symbole de vie, et il a son envers noir. Avec le sable ne se conçoit pas la hâte de l'homme moderne mais le mouvement ininterrompu, les lents cheminements, cette activité élémentaire, pour ainsi dire animale, qui paraît sans but mais non sans direction, à laquelle se réduit souvent son existence. La caravane, hommes, montures et bagages, gravit la dune, redescend, grimpe un autre versant, passe processionnellement sur la ligne de crête, diminue, disparaît. D'autres caravanes traversent l'étendue, au même pas, mais où ?

La marche dans le désert est-elle une marche que seule coupera la mort, n'ayant d'autre sens qu'elle-même, ou bien la traversée qui aboutira à la Terre promise ? Souffrance gratuite ou épreuve pour accéder à la beauté des arbres et de la mer ? Simplement — mais quelle charge cet adverbe ne contient-il pas ! — le long chemin qui mène à soi-même... Car nous avons évidemment nos déserts intérieurs — je connais bien les miens. Les jambes s'y font lourdes, les yeux se baissent, le cœur y perd sa lumière. Du sol sortent ici et là quelques buissons d'épines, quelques plantes sèches et ligneuses, de la dureté presque métallique qu'elles se sont donnée pour survivre. Peut-être aussi quelques petites fleurs qui osent à peine fleurir. Et en nous ces sables bougent, leur montée inexorable est le grand péril, comme dans ce jardin imaginaire que j'ai voulu établir à la limite des forêts... Quelle stratégie alors leur opposer ? D'abord la foi en soi-même, c'est-à-dire aussi en la pérennité du mouvement, puisque le sable ne se fixe pas dans une forme, il devient tour à tour creux et relief, il n'est donc pas définitif. Essayer de limiter sa menace, c'est d'abord la reconnaître, l'empêcher de parvenir à la hauteur de notre bouche. Dans et par le sable nous pouvons périr par étouffement de notre moi, mais aussi permettre à celui-ci de se renouveler, par étalement et repos, par filtrage de ses impuretés. Et nous avons aussi nos plages intérieures où nous flânons, rêvons, livrés à l'eau et au soleil.

En écrivant ces lignes, j'ai placé ma feuille de papier sur une autre déjà écrite où je vois, comme par la transparence d'un palimpseste, le mot « sable ». Tel est peut-être le mode d'existence du sable : ici et ailleurs, virtuel et réel, tour à tour et simultanément présent et absent. Reconnaître son ambivalence, sa dualité, implique d'accepter que tout fluctue, que la vie soit passage illimité d'un état à un autre. Le ciel si bleu ce matin se voile maintenant, le soleil va disparaître : la brume était déjà dans cette clarté dont j'aurai joui pendant quelques heures et qui va renaître, car cette même brume contient aussi en promesse la lumière.

## OÙ COMMENCE L'ÎLE ?

Où commence l'île ? Au rocher qui fait affleurer sa pointe, à la bande de terre à peine dégagée des vasières qui la jouxtent ? Je me plais à supposer, comme pour l'iceberg, la présence sous-marine de l'île, environnée de poissons, d'animalcules qui la taraudent ou, petitement, l'édifient, dans l'ombre glauque. Son élan la projette en une poussée de rocs, impérative et nette, ou bien, comme une langue, l'étale subrepticement. Plus près du rivage, la couleur des rochers exposés aux marées indique leur degré d'appartenance à la mer. De la base noire qu'enserrent les coquillages et les varechs, elle se dégrade vers le sommet d'une blancheur d'os longtemps lavé. Mais sous un nuage opaque, une masse pyramidale hérissée de sapins se tasse dans une noirceur sans faille. L'île se rassemble et bande ses forces, ou elle s'effiloche, se dissout à la limite de l'eau et du ciel.

Sur une dalle à peine émergée, des goélands paraissent rivés, la tête sous le vent, ramassés dans leurs plumes. Ils ne s'enlè-vent que lorsque les embruns les atteignent, pour reprendre leur pose. Un oiseau sur un rocher entouré d'eau : voilà une image essentielle et minimale de l'île, pour ainsi dire un signe et un sigle qui deviendrait aisément un pictogramme. Comme cette autre image si souvent tracée de la minuscule île au milieu de l'océan, avec son unique palmier et qui semble attendre le naufragé.

Cette image minimale de l'île est peut-être aussi celle de la vie, fixée, qui s'entretient simplement, sans s'accroître, par la loi de l'espèce et de la nature. Que faut-il de plus au palmier que le soleil sur lui et l'eau qu'aspirent ses racines ? au goéland que le poisson qu'il peut attraper à portée de bec ? Il faut, plus probablement, ce qu'à défaut de mieux et pour voiler notre ignorance effective on peut appeler « l'amitié » de l'autre, mais la vie est sans doute à saisir d'abord dans cette nudité. L'oiseau attend-il sur son îlot ? Je peux en effet en faire le symbole de l'attente et de l'espoir et, simultanément, celui du vide et du désespoir, comme pour le naufragé en loques qui a accroché un chiffon au sommet de l'arbre.

Je retrouve là le double mouvement qu'inspire l'île : le rejet hors de l'humanité qui nous livre à nos propres forces et ressources, et la séduction de la mise à l'écart. Tel Robinson, se résoudre à vivre en économie fermée, après avoir connu le désir de mourir, en étant par conséquent unique responsable de ses outils et de ses produits : à la réflexion, cela est une forme d'aventure qui apporte son exaltation, son mystère. Et aussi, combien il peut être satisfaisant de saisir une réalité dans son ensemble, de comprendre le cycle complet de ce qui se passe dans ce fragment et ce tout qu'est l'île. Y trouver assez de diversité, avec une frange toujours inconnue, pour échapper à l'ennui, en même temps que la « clôture » qui, physiquement et psychologiquement, abrite, alors que le continent, lui, mélange et, en permanence, expose...

Car, bien sûr, il faut penser aussi à cette mer qui entoure l'île. En la détachant du reste de la terre et de la société, elle semble y mieux garantir l'espoir que dans ce lieu singulier pourra être édifiée, à l'abri des influences délétères, une vie selon nos désirs, qui nous appartienne en propre. Ou peut-être, tout simplement, la croyance demeure-t-elle au fond de nous que le bonheur est donné par l'île, comme un fruit qu'il suffit de cueillir. Plutôt que l'image de la réclusion, de l'exil, de la solitude éprouvante, celle que suscite plus instinctivement l'île est en effet le bonheur : chaleur, intimité, nid et cellule d'où peut être contemplé avec un frisson délicieux le vaste espace plein d'inconnu, la richesse, la luxuriance, la volupté dans l'épanouissement et la satisfaction de tous les sens, la suppression du temps, de la souffrance et de la mort, Eden où coulent les sources, où les oiseaux chantent dans une lumière dorée.

Comme toute rêverie, celle de l'île exige une distance, elle se nourrit de celle-ci : l'essence de l'île réside peut-être dans le lointain. Je repense à ces approches qui m'ont souvent émerveillé. Simples îlots au milieu d'un lac, auxquels on parvient à force de rames, la révélation par un hublot au petit matin des collines vertes de l'Irlande, des côtes tour à tour dénudées et boisées de Corfou, et aussi, telle Anticosti, ces îles un peu mythiques davantage créées par notre esprit que vues à l'horizon. Et au ras de l'eau, en pleine lumière d'été, une écharpe de brume enveloppe l'île, qui voile les reliefs trop nets, la réalité trop brute, la brume si nécessaire au désir.

Je suis revenu à l'île Bonaventure, la bien nommée car j'y ai été reçu par la splendeur estivale et je m'y suis trouvé en paix. La première visite remontant à une trentaine d'années, j'ai maintenant accompli deux fois ce laps de temps dans ma vie. Ce pourrait donc être l'occasion de faire le point, de laisser remonter les souvenirs — mais je préfère voir l'île avec les yeux et le cœur d'aujourd'hui. Elle est fidèle, et quand je vais la parcourir je constaterai qu'elle m'inspire : elle me redonne un souffle.

Nous en avons d'abord fait le tour, nous l'avons *reconnue* : une fois encore mon regard a caressé son profil légèrement bombé, contourné l'éperon de pierre aux mille nuances, longé la paroi noire avec ses frises mouvantes d'oiseaux blancs. Les mots sacralisent le lieu : sanctuaire, paradis, que l'on va contempler comme en un pèlerinage. On y touche en effet quelque chose du divin, celui de la vie, qui nous enveloppe de partout par ses ailes, ses cris, ses frémissements, ses vols — et qui nous sidère. Mais la chaloupe redémarre de toute la poussée de son hélice. Bientôt elle nous dépose sur un minuscule débarcadère pour s'élancer à nouveau dans un sillon d'écume bondissante.

Je vais maintenant découvrir l'île pas à pas : elle ne s'est pas livrée totalement dans l'exaltant périple nautique. Je l'ai rêvée de loin, je l'ai encerclée, il faut maintenant la marche lente pour bien sentir qu'elle est aussi une terre. Quelques maisons de bardeaux regardent vers la mer, conservées comme des vestiges, peut-être reconstruites car on n'habite plus l'île depuis longtemps. On entre dans une demeure un peu plus imposante avec ses boiseries sombres et son lourd mobilier victorien (il me semble que les visiteurs sont plus silencieux qu'ailleurs, plus patients, presque recueillis). Cette bâtisse a ici quelque chose d'impropre, de « déplacé ». Un notable enrichi dans le négoce a dû la faire construire au siècle dernier. Le rêve des parvenus — si j'en crois d'anciennes photos du château bâti par un chocolatier sur Anticosti — n'a pas partout la même modestie, mais il choisit avec prédilection de se réaliser en une île. Posséder une île, c'est-à-dire une portion du globe, délimité, reconnaissable aux yeux de tous, équivaut à une souveraineté sans partage, c'est Kublai Khân en son Xanadu somptueux au centre de son empire.

Ces quelques maisons délavées par les pluies, ces soupçons de culture çà et là ne sont que des préambules : je les regarde distraitement, pour m'acquitter de l'accessoire, m'en débarrasser comme d'un droit de péage imaginaire. Nous nous engageons entre les épilobes et les verges d'or qui poussent jusqu'à hauteur de la tête, nous y sommes dissimulés comme en une tranchée végétale. Ce vestibule de fleurs conduit à la forêt précédée par un fouillis d'aulnes et de framboisiers sauvages. C'est maintenant le couvert des arbres, des conifères surtout, parmi les hautes fougères. J'ai ainsi le sentiment d'entrer par degrés dans le primitif, l'élémentaire de la création, de remonter vers d'obscurs débuts. Des flaques de soleil reposent ici, mais là des troncs se sont abattus, hérissés de leurs branches mortes. Là encore des souches ont pourri dans un bain de mousse qui a séché et en fait une croûte verte, ou peut-être sont-ce des rochers, de sorte que l'arbre et la pierre paraissent échanger leurs attributs et se fondre dans une même indistinction. Un ruisseau maintenant disparu a creusé la base des parois, mis à nu des racines tortueuses et à demi délité des blocs de basalte. Nous sommes peut-être dans quelque silencieuse gorge alpine, dans un chaos en réduction, mais avant que l'âme ait pu s'habituer à cette rudesse un peu inquiétante, la forêt a déjà changé, s'est aérée. Comme elle, à nouveau, nous sommes prêts à nous ouvrir.

Ainsi l'île condense les paysages, elle opère une miniaturisation des spectacles du monde. Du même coup elle fait passer celui qui la parcourt par toute une gamme d'états intérieurs, elle crée l'émotion et la fait s'évaporer avant que celle-ci ait pu établir ses prises. Et cette volatilité de l'émotion s'accroît de ce que je sais déjà de l'île. Le sentier débouche à nouveau sur la mer. L'inconnu qui vient à chaque pas se marie à la conscience d'un proche et prévisible futur. Cette sauvagerie au cœur de l'île nous alerte sans nous menacer, elle fait nos délices.

C'est ce que j'ai si fortement ressenti, en lisant Jules Verne qui a su merveilleusement jouer du « connaissable » de l'île, peu à peu élargi par les explorations et l'industrie des naufragés, et de sa « réserve » peut-être inaccessible. Dire d'une île qu'elle est « mystérieuse » est presque un pléonasme : le secret y est une donnée première. La fictive île Lincoln de Jules Verne possède un esprit longtemps invisible, un génie à l'œuvre, presque un dieu. Peut-être aurait-il été encore plus satisfaisant qu'il ne se révélât jamais, mais l'époque n'autorisait guère la possibilité d'un phénomène inexplicable, et encore moins le surnaturel : le dieu, qui était un homme, le capitaine Némo, s'est donc montré.

Alors que notre sentier s'incline vers la mer, une forte odeur de poulailler nous arrive, en même temps qu'un puissant ensemble de cris rauques qui paraît venir de partout. Quelque chose comme un incessant « cara cara » forme une basse continue d'où s'élèvent des pointes de sons plus aigus. Et nous voilà à deux pas de cette immense nichée blanche, installée à demeure au bord de la falaise qui plonge à la verticale dans l'océan. Les fous de Bassan s'apparient pour se livrer à des rituels toujours recommencés : leur tête jaune levée, à deux ils se frottent le bec, comme on passerait une lame sur une pierre à aiguiser, puis ils l'inclinent sous leur poitrail par un mouvement de bascule et le relèvent. Certains oiseaux ne comptent pas encore dans la communauté, ils sont, nous dit-on, tolérés en observateurs, attendant d'y être admis ou chassés à coups de bec. Quelques-uns courent pour prendre un élan laborieux. Soudain ils décollent et planent, face au large, avec d'autres, innombrables. Ainsi le rocher semble avoir libéré un impalpable duvet blanc au-dessus de l'abîme.

C'est là le « secret » de Bonaventure. On y vient de loin pour le sanctuaire d'oiseaux. Le secret, ou plutôt l'attraction répertoriée, car je sais bien que je n'ai pas épuisé l'île, parce qu'elle est en nous, en moi. Bonaventure se fond à toutes les autres que j'ai vues. Et d'abord, que de robinsonnades livresques ont nourri mon imagination d'enfant si souvent rivé à sa chambre de convalescent ! L'île, aubaine des coureurs des mers et des flibustiers, salut des naufragés, parfois leur rédemption... Bonheur des écrivains que j'ai si souvent partagé, de Defoe à Baudelaire, de Stevenson à Tournier, des peintres, Lorrain et Watteau, Böcklin et Gauguin. Or des aubes, pourpre des couchants, espoir des embarquements, rencontre de la solitude, de la mort... Tous ces trésors d'odyssées devenus parfois dossiers d'exégètes, matière à compilation vétilleuse : scories dont j'ai entrepris de m'extraire...

Mais mes îles n'ont pas totalement renoncé à la littérature — pourquoi, après tout, le devraient-elles ? André Breton est venu à Percé et a traversé vers Bonaventure. Il en a parlé en une superbe prose — parfois un peu voyante, qui, par tel précieux assemblage de mots, telle torsion de la phrase, ne fait pas complètement oublier l'exercice littéraire, mais le paysage lui est un envol pour la pensée, pour la vision. Face à la guerre et à ses séquelles, la liberté, l'amour de la femme pour rédimer l'homme et la civilisation, s'envolent à grands battements d'ailes.

Ma propre réflexion en ces lieux me conduit sur d'autres voies. Elles convergent vers l'exploration du rapport de la conscience avec le monde. L'île permet de mieux le saisir, dans la mesure où la configuration de l'espace qu'elle dessine le rend visible. De ce point je peux observer le continent dont je suis distant, détaché : la côte lointaine est vraiment un autre côté dont je suis séparé par une étendue d'eau. Exact analogue de la position d'un « moi » qui s'affirme dans sa singularité, sa différence, qu'il peut croire vitale et qu'il est évidemment facile de convertir en égotisme. Vivre sur l'île fait resurgir à la fois le sentiment d'un rejet, d'une exclusion, et celui d'un pouvoir dans les limites de sa périphérie : fantasme sans cesse renaissant de l'autarcie, qu'elle soit économique ou morale. En même temps que peut nous torturer l'angoisse d'être irrémédiablement prisonnier de l'île, irrémédiablement privé de nos semblables, se suffire à soi-même devient une forme de bonheur puissamment attrayante. Cela est dans l'histoire de Robinson, entre désespoir et orgueil. Mais peut-être l'île permet-elle de sortir des dualismes moi et le monde, moi et l'autre. Dans mon roman *Le chemin du retour* j'ai inséré l'épisode de l'île d'Isoléra, imaginaire (le nom m'a été donné en rêve) mais elle pourrait se situer quelque part en Méditerranée. J'y décris l'installation, il y a deux siècles, d'un marquis qui a beaucoup couru le monde et fréquenté ses semblables. Dans un petit château il se livre désormais à l'astronomie et à la botanique, peut-être aussi à la rédaction de ses mémoires. Refuge de vieil homme, moins pour se protéger par misanthropie que pour y vivre autrement, selon une autre forme de connaissance, y cultiver à l'écart une sagesse. Je suis conscient du style très « siècle des Lumières » de ce personnage et de l'épisode, que le narrateur et protagoniste du roman va d'ailleurs sur le tard imiter à sa façon. Je ne cherche pas à me dissimuler ce qui est dit là de moi-même, mais cette tenace rêverie de l'île contient plus que ces particularités historiques et autobiographiques. Isoléra abrite quelque part des ruines antiques et mon personnage sait qu'elles peuvent lui livrer un message : donnée onirique, ici encore, que j'ai reprise et qui, sans intervention calculée de ma part, fait passer le récit de la visite à Isoléra à un plan de signification symbolique.

L'île est tonifiante, peut-être parce qu'en ce petit morceau de planète une secrète circulation y est plus sensible, la Création s'y impose par des rochers et des racines en même temps qu'elle se libère en nuées d'oiseaux. Lourde, et dégagée de la pesanteur. Quelques heures sur Bonaventure : par mes sens, mes émotions, mes pensées vigilantes, je l'ai suivie dans ses variations et son mouvement.

Peut-être ainsi ai-je approché le « mystère » de l'île, des îles. Irrésistiblement elle appelle. À Tahiti, Gauguin a accompli son destin de peintre ; dans un archipel au large du Chili, Selkirk — avant de devenir Robinson Crusoé —, livré à ses propres ressources, a refait le parcours de la civilisation ; à Patmos, Jean a reçu la vision ultime de l'humanité. Dans l'île l'homme se confronte avec lui-même et avec le divin.

Le sentier, qui s'est éloigné des falaises aux oiseaux, continue à dérouler sa boucle. Parmi les feuillus il escalade une croupe rocheuse. À nouveau voici la mer sous le soleil de midi. Presque transparent, allégé, le Rocher Percé se décolle de l'horizon, comme un songe, ou un souvenir.

## BORD DE MER

La baie s'évase si loin qu'on ne peut dire des terres aperçues si elles sont des îles ou l'autre rive. C'est déjà la haute mer, qui envoie ses vagues sur une courte grève qui se relève en falaise argileuse couronnée de quelques chalets et d'arbres. L'eau, recouvrante et découvrante dans le mouvement des marées — et la plage, lieu du fragmenté, du multiple et de l'innombrable. Hier le crachin enveloppait tout ; ce matin le soleil déplie la vie, la rend partout visible. Un feu de grève de la nuit fume encore. Deux ou trois papillons jaunes et noirs dansent au ras du sable. Les mouettes groupées s'envolent à mon approche pour aller se poser sur l'eau. Un couple de pluviers s'enlève en rapides battements blancs et gris. Au faîte des pins, les cormorans paraissent encore plongés dans le sommeil, un peu inquiétants dans la noirceur de leurs plumes. Je pense à des charognards guettant une proie qui ne peut leur échapper ou à des corbeaux perchés dans une forêt de maléfices. Quelques-uns, dressés dans une complète immobilité, écartent largement leurs ailes qu'ils font sécher, mais ce geste évoque une oraison, un officiant aux bras levés. Et toujours les vagues obstinées, entêtantes, et quand on leur prête attention, assourdissantes.

La mer et ses approches exaltent l'invention verbale, invitent à l'exercice descriptif. Les mots viennent en hâte et en foule

113

pour se fixer sur une page. Soit. Bien sûr l'important n'est pas là. Les images intérieures s'associent en un jeu mouvant qui est un plaisir par son seul déploiement. La mémoire, le fantasme, la perception des objets y combinent une réalité qui nous dérègle, et qui nous recompose. Le bord de mer multiplie les pistes pour l'esprit, le lance en des aventures brèves mais répétées.

Je regarde ces galets sous mes pas. Entre le noir et le rouge, le basalte et le grès s'y nuancent, s'y veinent de réseaux de calcite. Les schistes, le mica, le granit ajoutent leurs textures, lisses ou grenues, tendres ou rugueuses. Quels périples ont accomplis ces galets, de quelles profondeurs remontent-ils ? Ils portent des stries, des griffures, des encoches, des rondeurs, des fractures, des violences, des douceurs. Ils portent des signes, ils sont eux-mêmes des signes. Parmi eux, des carapaces vides de crabes, des pattes et des pinces arrachées, des algues caoutchouteuses, des filaments verts, des petites éponges séchées. Des morceaux de coquilles bleues, des moules, dont l'usure a fait des bijoux. Je crois appréhender des objets définitifs, mais je ne saisis que le résultat provisoire de transformations. Le moment d'une métamorphose. L'eau fait luire ces pierres, elles scintillent dans le soleil, radieuses. Je sais que le brillant va s'effacer. Ne suis-je pas en pleine illusion ? Ou bien, est-ce que pour quelques secondes je n'entre pas dans un « ailleurs », ne suis-je pas témoin, et acteur, d'un éclat, d'une splendeur latente du monde ? L'eau se livre, puis se dérobe, non pour me tromper, mais pour satisfaire ma nostalgie, me dire qu'elle peut être comblée, m'inviter... ?

Je prends un galet dans le creux de ma main, l'y tiens, l'épouse alors que je continue ma marche. Comme un talisman, ou pour m'assurer de cette beauté, pour la retenir un peu, y participer. Je l'abandonne, ou le jette à l'eau : je l'offre. Voici une pierre plus grosse, je la retourne, la pose sur son arête, la dresse. Quelques autres alentour, que je rapproche. Je me plais à imaginer qu'ainsi sont nés les premiers monuments. La main des hommes a modifié un ordre, pour rien, sans profit, sans but. Mais non sans désir, un désir innommé. Le même peut-être qui fait chercher d'autres pierres près des vagues, ou effleurer le sable avec une petite branche que les marées ont dépouillée de son écorce. Ou c'est peut-être le même désir qui, la nuit, lève le regard vers les constellations.

## L'AUTRE CÔTÉ

Des cavaliers tout vêtus de noir arrivent au galop sur la grève. Les chevaux piaffent et se cabrent dans les vagues qui éclaboussent. À quelques milles au large dans la mer, un rocher d'où s'élève une construction en flèche aux contours adoucis par une très légère brume. Les cavaliers se demandent sans doute quel parti tenir, suivre le bord de l'eau, tourner bride ? Mais dois-je comme eux renoncer à l'île ?

Les traces de ce rêve ancien ne sont pas effacées. Comment franchir la distance marine pour aborder au château ? Pas de barque en vue, encore moins de pont. Cependant il faut trouver un passage : il faut *répondre*.

Ce paysage intérieur d'un envoûtement dont nul tableau, ou à peine un spectacle naturel ne donne l'équivalent, c'est merveille que l'inconscient l'ait suscité, non pas comme une gratuite fantaisie mais pour aimanter ma vie, c'est-à-dire pour en rendre sensible la direction. Je crois qu'ainsi, en toute existence, une aiguille oscille, toute fragile et frémissante, vers un pôle — mais combien de fois inaperçue ?

Dans mon imagination d'enfant l'autre côté a d'abord été un continent, l'Amérique fabuleuse dont me séparait l'océan, mais aussi l'autre rive du ruisseau dans les prairies ou l'orée d'un bois impénétrable, ou la chaîne des puys au bout de la plaine. De moi à ce lieu, l'eau, la lande, le sable, d'où surgit le désir impérieux mais redoutable du franchissement. Je me tiens à l'extrême avancée de la terre sur un rocher, un promontoire, le plus loin que je puisse aller, dans la solitude qui pèse à la fois sur les épaules et qui exalte, celle de la sentinelle et du guetteur. Après ce rebord de falaise, l'incommensurable Pacifique, et l'Asie. Qu'y trouverais-je ? Que peut-il en venir ? Que vont chercher mes héros de roman, celui du *Rivage des Syrtes* qui, dans un délire hypnotique, fonce à bord de son aviso vers le pays ennemi alors que la guerre s'est assoupie depuis trois siècles ? Le sommeil qui s'est couché sur le désert des Tartares s'agite, des cavaliers surgissent des sables comme des scorpions. *Enfin* ils viendront assiéger la forteresse où des hommes pourrissent d'ennui.

Combien de prisonniers et de fugitifs traqués ont rêvé de l'autre bord : l'eau qui entoure le fort, le champ de neige que traverse la ligne invisible de la frontière, au-delà de laquelle ils pourront enfin marcher au grand jour, barbelés qui séparent la vie de l'horreur...

Plus modestement, plus quotidiennement, ce côté-ci où je me tiens m'assure sécurité et confort, mais voilà qu'ils me pèsent, ce trop connu m'accable ou sourdement me ronge. Alors je sens que l'âme ne peut vivre que dans l'aventure. Il lui faut tenter, risquer. Et d'abord il nous faut sentir sa présence, redécouvrir son existence oubliée. N'est-ce pas ce qui se passe quand nous sommes à la pointe ultime de ce côté-ci ? Un léger déplacement intérieur, un soulèvement presque imperceptible, comme celui qu'opèrent parfois quelques notes, un accord dans une musique. Un point sensible touché.

Cet autre côté, peut-être n'existe-t-il pas, ou pas toujours, ou pas de la façon dont je le suppose. Leurre, mirage, invention de mon désir. Mais peut-être aussi importe-t-il peu de le savoir. Croire suffit pour que j'accomplisse un pas de plus, même pour toute la vie. L'aimant qui m'attire, je ne sais ce qu'il est, ni pourquoi ni vers quoi il m'attire.

Un jour cependant je pose le pied sur cet autre côté, et ce qui compte alors est moins la preuve de son existence objective que la certitude instantanée que mon espoir n'a pas été vain. Un jour, après des embruns, du vent, des nausées, des falaises crayeuses, j'ai marché pour la première fois en pays étranger. Puis j'ai franchi un détroit vers des coupoles, des mosquées bleues dans les collines, une longue enceinte ruinée, des souks, des églises à mosaïques d'or, des palais : Istanbul, ou plutôt Constantinople, ou plus loin encore dans le temps, cette Byzance que j'ai longtemps hésité à situer sur la carte, ignorant que ce fût la même ville, capitale d'un mystérieux empire. Et par une matinée torride je me suis éloigné des côtes d'Europe. Au large j'ai essayé d'apercevoir du mouvement sur un îlot abrupt, Gibraltar. Et il me semblait que le mot « Afrique » que je sentais planer donnait une couleur différente au ciel, de l'insondable, de l'éclat sourd et chaud. Il y a eu de la poussière, des burnous, des hommes en haillons, des fifres stridents et des tambourins, des chameaux, des montagnes qui semblaient toutes proches, un soleil d'aplomb. Quelques heures d'une intensité inouïe, violentes. Dans mon souvenir je ne suis plus tout à fait sûr de les avoir vécues. Comme après un rêve où, dans la jubilation et l'ouverture de la poitrine, l'inaccessible a été touché.

Chaque traversée a laissé son aura unique en ma mémoire. Après une nuit qui avait effacé le monde dont je venais, une côte soudain là par les hublots, l'Irlande et la promesse de vertes campagnes de vacances. Et sous le ciel pas encore ressuyé de la pluie tiède, Alger, là autour de la rade : la blancheur attendue, la richesse d'apparat, une liberté de la découverte entrevues et aussitôt ravies. Pendant des heures, d'une fenêtre à barreaux, je vais regarder quelques palmiers, des terrasses, des grues qui tournent au-dessus de quais invisibles, avant d'être emporté avec d'autres jeunes hommes, mes compagnons au cœur lourd, vers un désert qui ne sera pas fait que de sable et la soif qui ne sera pas que celle de la gorge.

Un autre navire accoste à Corfou, l'île renommée pour répandre ses parfums, mais ce matin une étrange puanteur flotte dans l'air. Une ville étagée sur des escarpements rocheux, une citadelle là-haut, une route parmi les oliviers tordus suit la mer, qui est un détroit. Sous le soleil, des voiles blanches, et une voile noire qui paraît d'un autre siècle, d'un autre monde. Une menace de pirates, de barbares. Je ne peux d'abord distinguer de l'autre rive que des collines dénudées, les contreforts de hauts reliefs, peut-être des cabanes, des bâtiments. Dans l'herbe, à mes pieds, une pancarte rouillée rappelle que pour des raisons de sécurité militaire il est interdit de photographier. En face, c'est l'ennemi, ou presque : l'Albanie. Jour après jour j'essaierai de voir plus, attendant que le soleil rasant révèle d'autres détails. À la nuit tombante des lumières s'allument au long de cette côte, des villages, ou ce qui doit être une ville. Comment vit-on là-bas, qui sont les hommes et les femmes de ce pays hermétique, ce pays-forteresse retranché dans ses montagnes derrière son régime de fer ? Je ne connaissais encore personne qui y fût allé, mais peut-on y aller ? Je comprends alors ces guetteurs qui attendent, qui redoutent, qui conjurent. En d'autres temps j'ai connu le regard qui s'épuise de trop fixer, l'esprit qui s'engourdit de ne plus croire, qui ne désespère même plus — mais le frisson aussi : si *quelque chose* survenait...

Une petite bâtisse en briques porte un nom à consonance germanique, des rails envahis par les orties et les bardanes, le long desquels je peux marcher jusqu'à ces barbelés qui les coupent. À quelques centaines de pas, un mirador où bougent vaguement un homme et un fusil. Ici ce n'est qu'un avertissement, une défense. On ne passe pas. J'étais jeune, je n'avais jamais vu de mes yeux que mon monde pouvait cesser à une clôture de barbelés. Derrière commençaient les prisons, les camps, la mort lente...

J'ai eu longtemps — j'ai encore — le sentiment qu'un rideau, lourd ou impalpable, nous enveloppe de ses plis. Parfois un coup de vent les écarte en ces secondes où, face à un paysage, le regard et le cœur s'accordent dans l'élan. Nous reprenons notre souffle : c'est peut-être ce que, banalement, nous cherchons au long de nos routes, des « points de vue intéressants », une pancarte, une aire de stationnement où s'agglutinent les autos, une lunette où l'on glisse une pièce de monnaie. On a même créé un signe graphique pour indiquer les « belvédères » (qui contient « beau » et « voir »). L'œil y embrasse plus, rochers et reliefs, eau, nuages se combinent avec une profusion, une densité, une richesse inhabituelles auxquelles nous ne pouvons résister. Après ce coup d'air nous reprenons la route jusqu'au prochain « point intéressant ». Je me suis plu à en constituer un florilège dans la littérature narrative , de la *Chartreuse de Parme* au *Hussard sur le toit*, associés à une vision plus claire, plus aiguë, à un pouvoir accru, à la conviction d'une invulnérabilité, à un sentiment plus vif d'être au monde. Dans le sillage de ces romans, il est aisé de croire que vivre consiste à passer d'un belvédère à un autre et que le plaisir, le « soulèvement intime » que j'y reçois valident mon existence. Je peux, comme tant d'autres l'ont voulu, en venir à oublier ce qui les sépare, étendues mornes, espace indifférent, et me lancer dans une recherche effrénée des temps forts de la vie. Mais je crois avoir fait le compte...

J'arrive au bord de l'eau et alors se lève l'espoir de la traversée imminente. Navire au long cours, traversiers de routine, modeste canot avec ses rames, n'importe quelle barque suffit pour que nous « embarquions ». L'usage québécois de ce terme me frappe : « monter à bord d'un véhicule », et « se joindre, s'engager, s'impliquer ». Rubicon ou Achéron, l'histoire et les mythologies ont fait du fleuve qu'on franchit le signe de l'acte décisif et irrévocable. Que cet acte soit ou non de notre responsabilité, il n'y aura pas de retour. Nous y sommes engagés totalement, l'avenir s'y joue, c'est-à-dire l'insondable inconnu. Lorsque Charon se présente à Virgile et à Dante avec sa barque, il n'y a pas à hésiter : la loi est inflexible et le passeur ne se laisse pas soudoyer. Les compagnons du Graal parviennent en maintes aventures à un fleuve ou à une mer. Une nef accoste, et c'est plus qu'un secours : un ordre. Ils y montent. » Dès qu'ils y furent, le vent qui jusque-là était calme, frappa les voiles si violemment que la nef quitta le rivage et s'en alla en haute mer [...] Ils errèrent longtemps ainsi sur les flots sans savoir où Dieu les menait » (*La Quête du Graal*).

De l'autre côté tout sera différent. *Je* serai différent, régénéré, enfin accompli. Je désire voir se rapprocher cette côte lointaine, qu'elle se dégage de ses brumes, que le bleuté en vire au brun de ses rochers, au vert de ses herbages. Mais je sais que je vais en détruire la magie et je repousse l'échéance de l'arrivée. Il me semble que j'attire et que je repousse, ou est-ce l'effet de cet objet lointain ? Ne faut-il pas imposer silence à la manie raisonneuse puisque l'aiguille intérieure frémit ?

Ces lumières de cuivre vif au couchant, qui flambent et s'éteignent, sont-elles pour des rites, des cérémonies, des célébrations, ou sont-elles des signaux ? L'autre côté existe comme une question lancinante, une tentation, une angoisse, une promesse, une torture. On peut s'en détourner mais bien en vain.

*L'autre côté*

Un jour ou l'autre il faudra revenir, peut-être quand nous serons « à la dernière extrémité ». Et déjà nous nous y trouvons, debout sur le rocher extrême. L'autre côté, qui l'ignore ?, c'est aussi la mort. Mais vers la fin d'un après-midi d'été, au-dessus de la rive opposée du fleuve, des nuages s'arrondissent dans un bleu sans poids et sans limite. Ce n'est plus un spectacle ou une image, ni même une approche, mais la félicité.

## PLAGES SOLEIL NOIR

Le printemps est sur la mer déployée, sur les dunes de sable et d'herbe qu'incline le vent du matin. Un merle chante dans un arbuste. Quelques silhouettes se croisent, s'éloignent. Une tondeuse ronronne aux alentours du mémorial. Des hampes vides de drapeaux, un terre-plein et au centre, la stèle dressée d'un bloc. Sur les deux faces des centaines de noms : la mort est venue du côté de la mer et du côté de la terre. De ces pontons noirs à l'horizon, de l'un de ces blockhaus comme une excroissance mauvaise du sol. J'y descends parmi les broussailles. Autour d'une meurtrière se hérissent les tiges métalliques où le béton a éclaté. À terre les rails rouillés en arc de cercle sur lesquels pivotait le canon. Le silence pèse de toute sa masse, à la fois absence et présence obstinée. On a démonté et vidé le lieu de mort et le piège, mais comment pouvait-on effacer, et fallait-il le faire ?

Se rappeler quoi, commémorer quoi ? Dans le musée sur la plage même d'Arromanches, à profusion, des équipements et des armes, des insignes, des photos, des plans et des maquettes pour raconter et expliquer. Me saisissent alors l'énormité de l'événement, la complexité inouïe de la machine qui fut ainsi mise en route. Il fallut d'abord décider et, pendant des années, préparer à tous les niveaux de ce qui serait l'événement : repérer les batteries, les trappes de l'ennemi, ses réserves, ses cachettes, ses mouvements, fabriquer et concentrer des véhicules, des canons, des navires, des avions, entraîner les hommes, répéter les mêmes gestes, minuter, fixer à chacun et à tous la place et la fonction, déjouer et frapper par surprise mais compter avec les marées, les nuages, les vents, le brouillard, la tempête. Monter une gigantesque horlogerie pour éliminer, détruire, prendre possession, avancer, écraser. Prévoir les imprévisibles grains de sable, peser l'impondérable qui fera le succès ou l'échec.

Une dépense inouïe de calculs, de construction, de mise en commun, d'idées, de patience tenace, d'efforts tendus vers un but unique, une « opération » faite de lieux, de temps et de climat, d'objets, d'actes et d'êtres vivants. Libérer certes, mais d'abord tuer et mourir. Tuer plus d'hommes de l'autre côté que n'en seront tués de ce côté-ci. Y eut-il dans l'histoire, pour réaliser une œuvre de vie, rien de comparable, autant d'efforts sur pareille échelle ? Cerveaux, cœurs et bras mis ensemble, l'événement dans sa mesure et sa démesure n'était-il qu'humain ? Quelle puissance l'a engendré, traversé, emporté ? Un surgissement, un soulèvement d'une force universelle qui ébranle tout, se propage partout comme un raz-de-marée avant que ses vagues ne se fractionnent et ne retombent ? Prodigieuse combinaison de l'ordre rationnel et du chaos. Je pense aux hordes de squelettes dans le tableau de Bruegel, *Le triomphe de la mort*, qui envahissent les plaines, les villages, les maisons, qui débusquent et massacrent tout ce qui vit, sur les fonds de gibets, d'incendies, de nuées de plomb.

Après le feu et la foudre, le fer et le sang, maintenant sur d'impeccables pelouses clôturées de buis, les croix, semées de quelques étoiles, de marbre blanc. La mort au cordeau, la mort géométrique.

Pourquoi ce rêve où je me savais le 5 juin parmi les troupes qui débarqueraient le lendemain, où je reconnaissais des visages ? Mais c'était comme si ces gens autour de moi ignoraient ce que serait ce lendemain. J'essayais de le leur dire et ils n'écoutaient pas. Et si j'avais été moi-même parmi ces hommes casqués sur le pont de bateaux et de péniches, essayant d'apercevoir la côte, d'imaginer ce qui venait, ne pouvant l'imaginer, la peur au ventre ? Que signifie : être prêt ? Qui peut dire qu'il l'est ?

# L'OPPIDUM

Une longue table basaltique coupe la plaine de la Limagne au cœur du Massif central : Gergovie. En l'an 52 avant J.-C. les Arvernes de Vercingétorix qui s'y étaient retranchés repoussèrent l'assaut des légions de César. L'issue de la conquête romaine en fut pour un temps dans la balance. Mais après Gergovie il y eut Alésia et la reddition du flamboyant chef gaulois.

Écoliers, nous montions par un sentier au milieu des noisetiers et des chardons vers ce que l'instituteur nous enseignait être un « oppidum ». Mais à notre imagination suffisaient la surface dépouillée du plateau, le vent, les tas de pierres et de briques qu'avaient laissés les fouilles successives. Un modeste bâtiment en abritait le produit. Quelques vitrines poussiéreuses laissaient entrevoir des lames d'épée qui s'effritaient, des pointes de flèches, des galets servant de projectiles aux frondes, des tessons de poterie, quelques fibules ou des monnaies rongées de vert-de-gris. Et à l'extrémité orientale du plateau, un monument visible de loin dans la plaine : trois hautes colonnes annelées coiffées d'un casque portant deux ailettes. Il n'y avait rien de plus à voir.

Une bataille s'était donc livrée là, nos ancêtres avaient résisté à l'envahisseur, triomphé de lui. On voulait oublier la suite et ne retenir que cet exemple de résistance victorieuse, un des premiers d'une longue séquence qu'a conservée la mémoire collective des Français. Le monument — qui ne manque pas d'allure — proclame avec arrogance la supériorité de l'autochtone sur l'étranger, en l'occurrence du Celte sur le Latin. Cela se produisait dans ce Massif central dont le nom même évoque le bloc compact, inexpugnable, qui domine, oriente les reliefs, distribue les cours d'eau. Le site et la statue équestre de Vercingétorix sur la place principale de la ville voisine permettaient de donner forme à quelques notions qui flottaient dans nos jeunes cerveaux. Le cinéma ne nous montrait pas encore avec la prodigalité qui nous est devenue familière les confusions de ferrailles, de machines, de rouge, de fumées et de clameurs qu'appellent les sièges de places fortes, antiques ou médiévales.

Que pouvions-nous en fait nous représenter de ce qui s'était passé sur ce plateau il y avait deux mille ans — était-ce bien là d'ailleurs, ou sur des hauteurs avoisinantes comme le prétendent certains experts ? Un village paisible avec ses cabanes, des hommes et des femmes cultivant un peu de terre, tournant des pots, forgeant outils et armes. Puis un jour, des colonnes de soldats dans la plaine, les camps établis en carrés. Les soldats portant armures brillantes, glaives et piques escaladent les pentes. Alerte. Mêlée, projectiles, des hommes tombent, cris. Ils ne passeront pas ! Victoire ! À défaut de vérité historique qui était le cadet de nos soucis, nous savions bien ce qu'était un envahisseur : nos excursions archéologiques et champêtres se situaient pendant l'Occupation. L'ennemi que nous connaissions, le barbare ne venait pas du Sud ou d'au-delà des Alpes mais d'Outre-Rhin. Il possédait la même science militaire, la même implacable discipline. Nos héros ne pouvaient être que le jeune chef entraînant ses Arvernes, chevelure, moustache,

crinière et épée au vent : la fougue, la bravoure, la vitalité tur-
bulente, l'inspiration du moment l'emportaient sur les alignements de soldats gris à mâchoire carrée, sur les officiers à
monocle qui commandaient la machine de guerre. Percevions-
nous encore vraiment la réalité de l'oppression, de la souffrance,
de la mort, ou seulement quelques images mythiques ?

Après la guerre, les bandes dessinées, les journaux que nous
lisions (l'un des plus diffusés s'intitulait *Coq hardi*) exploitè-
rent pendant quelques années sur le mode tour à tour dramatique
et burlesque le filon guerrier-nationaliste. Le Gaulois-Français
indiscipliné, hirsute, cabochard, querelleur gagnait toujours,
parce qu'il était inventif et sans peur, face à l'adversaire bien
équipé, organisé, puissant, mais obtus. De la vaillance, du pa-
nache dans ces charges où l'on vainc ou meurt : il fallait bien
nous trouver une identité de compensation... Aujourd'hui, sur
le plateau de Gergovie, Disneyland a fait école et l'on a installé le village d'Astérix : le mythe est descendu de quelques
crans de plus.

De ces châteaux, forteresses, places fortes qui ont survécu
au Moyen Âge dans toute l'Europe, de Carnarvon à Château-
Gaillard, de Ventadour ou du Haut-Kœnigsbourg à Ségovie, on
a fait le but d'une promenade, d'un voyage. On visite. Parfois
il n'y a rien à visiter. Quelques tas de moellons autour d'un
donjon déchiqueté, des ronces ou se cachent peut-être des
vipères, des éboulis qui roulent sous les pieds, des trous, l'entrée
de souterrains mystérieux, d'oubliettes : on monte là-haut faire
le plein d'histoire, de frissons, de pittoresque.

Puis une réalité infiniment moins poétique m'a saisi, qui
n'était plus celle des pierres mais celle des hommes. Nos premières excursions devaient être à peu près contemporaines de
la bataille de Monte Cassino : l'histoire s'y répétait une nouvelle
fois avec une férocité accrue par les « moyens » militaires mis

en œuvre. On nous avait expliqué le fort de Vaux, la côte du Poivre de la guerre précédente : comment la possession d'une hauteur est l'enjeu d'une bataille, parfois la clef d'une guerre. En fait il ne s'agissait plus seulement de « prendre » une hauteur mais d'écraser ceux qui s'y trouvaient. Ou plutôt, la prise ne pouvait se faire qu'en écrasant. Sans doute Douaumont est-il surélevé par rapport à la plaine, mais on croit maintenant entrer dans un labyrinthe souterrain, des catacombes pleines de ténèbres, d'eau suintante, de béton disloqué. Des casques, des ferrailles guerrières ont été laissés là, pour qu'on « visualise », « pour qu'on se souvienne ». C'est ici la porte de ce qui fut l'enfer. Les hommes y étaient enterrés avant de mourir. À proximité, autour d'une haute lanterne en forme d'obus, un ossuaire de 300 000 morts.

Qu'était donc devenue la supériorité de l'altitude qui assurait celle du feu, de la vision et annulait l'effet de surprise ? Sur les enluminures des manuscrits médiévaux, des archers tirent derrière les créneaux en surplomb. En bas les assiégeants reçoivent les projectiles tout en essayant de dresser leurs échelles contre les remparts. La situation est claire : pousser, repousser. Une patience, une ténacité contre l'autre. Le temps travaille pour l'un ou l'autre des deux partis, le plus souvent contre l'assiégé puisque ses réserves auront inévitablement une fin. Là aussi le succès appartiendra à celui qui tiendra un peu plus, quelques jours, quelques heures. Deux volontés tendues l'une contre l'autre, que l'équilibre neutralise. Il faut donc provoquer un incident qui le rompra. La surprise, ou la ruse, ou la trahison. Les troupes de Malcolm montent à l'assaut du château de Macbeth sous le couvert des branches qu'ils portent : la forêt s'est mise en marche. Opérer une diversion, feindre de lever le siège pour que les assiégés se découvrent et sortent. Le cheval de Troie, bien sûr, mais la palme de l'invention peut revenir aussi à l'assiégé, tels les défenseurs de cette petite cité du Limousin qui avec leurs derniers vivres engraissèrent leur dernier cochon avant de le jeter par-dessus les remparts. Les autres, qui croyaient réduire la ville par la faim, découragés, levèrent le siège.

La place forte, qu'elle soit oppidum gaulois, château féodal ou moderne blockhaus, « commande » habituellement un passage, défilé, col, détroit. L'envahisseur pris sous le feu ne peut progresser plus avant. Les adversaires se fixent donc réciproquement. Mais parfois on s'interroge : en quoi ce château sur sa butte au milieu d'une plaine peut-il arrêter une armée mobile qui dispose de tout l'espace, pourquoi ne pas simplement contourner et passer outre ? On peut supposer qu'alors interviennent d'autres ressorts : César pouvait-il accepter que des barbares chevelus et un peu fous lui résistent, qu'ils demeurent à l'abri sur leur plateau ? Peut-être avait-il raison de craindre une attaque sur ses arrières, l'adversaire ayant conservé ses forces intactes. Donc on se bat pour la sécurité physique, mais on devine dans ces affrontements aussi une évidente lutte pour la suprématie morale. Le Romain ne devait guère tolérer la blessure d'orgueil. La forteresse constitue ainsi pour l'assaillant envahisseur le corps étranger qui irrite et exaspère. Point de repos donc, avant que les derniers défenseurs se soient rendus ou aient été exterminés.

Au temps de la féodalité les villageois se réfugiaient dans l'enceinte du château seigneurial quand dans la plaine pillards ou soldats approchaient. On s'abrite dans la forteresse surélevée, on échappe ainsi à l'inquiétude ou à la panique. Mais aussi on opère un repli stratégique, provisoire, pour regrouper, refaire ses forces, *attendre* l'attaque. La forteresse, image tangible d'un comportement individuel, devient aisément le symbole d'une collectivité, d'une nation : Montségur, Verdun, le Vercors. D'où l'importance de frapper et de maintenir là.

Il faut donc pour ceux qui sont dehors encercler ceux qui sont à l'intérieur, leur enlever toute possibilité de s'échapper, et que ce soit visible. Il faut désespérer l'assiégé. À travers les millénaires on pense à Jéricho autour duquel tournent les Hébreux de Josué, aux colons de la Nouvelle-France voyant derrière leurs palissades cavalcader les Iroquois. Démonstration, parade de force, bravade, promesse de la mort inéluctable et horrible...

Je retrouvai, magnifiés, dramatisés, le site et en partie l'événement de Gergovie à la citadelle de Massada, abrupte face à la mer Morte, dans un désert de rocaille sous le ciel de feu. On distingue en bas le quadrilatère de pierres sèches qui délimitait le camp romain. Les Juifs y livraient l'ultime résistance de leur peuple et de leur foi. Là encore, pour les assiégeants, il fallait réduire enfin ces irréductibles qui s'obstinaient à défier l'autorité de l'empereur. Laisser la faim et la soif faire leur œuvre ? Les Romains ont finalement édifié, bloc après bloc, une énorme rampe pointée vers le sommet de la falaise. Les Juifs savaient qu'ils n'avaient aucun recours humain contre cette machine. Ils choisirent, dit l'histoire ou la légende, de se tuer les uns les autres et le dernier survivant s'est donné la mort. Les Romains ne trouvèrent que des cadavres.

À Montségur les assiégés durent se rendre, mais sans renier leur foi, et plutôt que d'abjurer, ils montèrent sur le bûcher. Le château a souvent été décrit comme un navire réduit à la carène, posé, telle l'arche de Noé, sur un piton rocheux. Image aussi d'un corps gratté, dépouillé du moindre lambeau de chair jusqu'à une blanche structure d'os. Pas la moindre trace de sculpture ou d'ornementation. Rares sont les lieux qui suggèrent avec semblable force la nudité, qui est aussi celle de l'âme, à laquelle s'efforçaient les « Parfaits » qui en avaient fait leur dernier refuge. Ici nous ne sommes plus saisis par le souvenir d'une fierté — ou d'un orgueil — dressée contre l'envahisseur, l'oppresseur, le tyran, mais par celui d'une foi, qui, insoucieuse de la rage de la détruire qu'elle provoque par contrecoup, n'a de comptes à rendre qu'au ciel.

Si parfois l'issue de la lutte ne fait pas de doute pour les deux adversaires, on voit cependant le plus faible persévérer jusqu'à ses limites et au-delà. Il attend quoi ? Qu'un allié vienne le délivrer, un miracle ? Que la patience de l'autre s'use ? Lui refuser la joie de son humiliation, obéir à un ordre, ne pas déchoir dans sa propre estime, lutter pour un renom futur, remporter la victoire morale, aller jusqu'au bout en aveugle, tous mobiles qui entrent dans la notion d'héroïsme ? Ou simplement répéter des gestes, c'est-à-dire survivre ?

En ces lieux je me sens poussé à me mettre alternativement dans la situation de l'un et de l'autre. Pour qui l'angoisse est-elle la plus forte — en autant que la question ait un sens ? Pour celui qui dresse ses frêles échelles contre le rempart vertical d'où tombent flèches, pierres, plomb fondu, ou pour celui qui les projette mais se sent coupé, isolé, bientôt affamé ? Pour les Allemands derrière leurs canons dans leurs blockhaus, qui découvrent à l'aube que la mer est couverte de navires, ou pour ceux qui vont en débarquer sous le feu et le fer ? Pour l'assaillant : grimper, bien visible, sans abri, sachant qu'il fait nombre ? Pour l'assiégé : observer derrière la meurtrière, viser, attendre l'instant favorable, ménager ses coups mais voir qu'ils portent ? Une sensation de sécurité, d'abord. Mais quand va t-elle s'inverser ? Combien de temps le portail tiendra-t-il contre les coups de bélier, les hourds et les toitures contre les flèches enflammées ? La sape qui avance, qu'on entend ; la rampe qui s'élève, qu'on voit. Il n'y aura pas de quartier au terme de l'attente indéfiniment étirée. Comme pour celui qui sent travailler dans son corps le mal incurable, en guette le progrès, les répits, les reprises. Sur ces créneaux qui ne sont maintenant que ruines, dans ces blockhaus où l'herbe pousse entre les rails de manœuvre des canons, dans le silence de la plaine, du ciel, face à la mer au-delà de la plage et des vagues, — il y a eu, il y a, imminente ou différée, la mort qui vient.

# VOLCANS

Mon enfance a eu pour horizon quotidien une chaîne de volcans. Pacifiques, décoratifs, en un mot éteints, mais tôt j'ai su que ce n'étaient pas des montagnes comme les autres. Du plus haut d'entre eux, qui donnait son nom à l'ensemble de la chaîne et au département, les habitants de ma ville faisaient un repère météorologique toujours sûr. Estompé dans une brume bleuâtre, le Puy-de-Dôme annonçait le beau temps durable, mais il ne fallait pas se laisser tromper par la netteté de ses contours qui le rapprochait : pluie en perspective, qu'indiquait aussi la collerette basse de nuages. Certain matin il nous surprenait par sa blancheur : l'hiver était là. Année après année, je le retrouvai comme le témoin fidèle et bienveillant de mes retours au pays : je n'avais pas le sentiment d'être « chez moi » tant que je ne l'avais pas aperçu. Longtemps les amateurs d'altitude ont parlé avec mépris de ces « montagnes à vaches » ; maintenant les hordes touristiques se font convoyer par la route en spirale vers le sommet aménagé en parking d'où pointe une immense antenne de télévision. C'est là que je crois avoir appris à respirer, à voir, à rêver.

La chaîne surgit de la plaine presque sans gradins, comme une suite d'ondulations qui se perdent peu à peu vers le nord et vers le sud, selon l'axe qui les oriente. Certains des puys sont recouverts d'une forêt crépue et sombre, d'autres sont nus, par l'effet d'une usure qui les a écorchés sous le revêtement d'herbe, jusqu'au vif d'une matière minérale variant du rouge au noir. De l'autre côté, à l'ouest, la plaine recommence pour rejoindre l'océan à plusieurs centaines de kilomètres : l'inconnu pour un enfant sédentaire, mais ce massif contenait déjà des mystères que je n'arriverais pas à épuiser.

Toutes ces hauteurs auraient pu être boisées complètement, me disait-on, mais parfois des incendies y éclataient qu'on ne pouvait arrêter, qui brûlaient les arbres et pendant des jours continuaient de ramper dans les broussailles. À l'œil nu je voyais des carrières qui en ouvraient les flancs, on en rapportait des pierres légères et taraudées comme des éponges qu'on déversait dans les chemins. On parlait de grottes, de gisements, de sources, de coulées. Certains de ces monts se gonflaient, d'autres se creusaient au sommet, paraissaient tranchés net ou évasés, ou égueulés. Les métaphores se multipliaient autour de ces montagnes, (les avais-je lues ou imaginées ?) : coupes, taupinières, pustules, boursouflures, qui en faisaient d'autres objets ou des incidents physiologiques. Des mots sonnaient comme des langues étrangères : planèze, andésite, trachyte, pouzzolane, mais aucun n'était plus chargé que celui de cratère. Il désignait d'abord une portion de la route qui menait vers ces hauteurs, une auberge rustique qui servait de halte. Au-delà commençait le pays fabuleux, où l'on pénétrait peut-être dans les « entrailles » de la terre, d'où étaient sortis avec des grondements énormes des torrents de fumée, des cendres ardentes, des fleuves de boue et de lave. Elle s'était étalée, refroidie, figée, cassée, enroulée en cordes, striée comme des buffets d'orgue. Des fragments propulsés en l'air étaient retombés en bombes tordues. Cela s'était accumulé sur des dizaines, des centaines de mètres d'épaisseur. C'était fou, inimaginable, effrayant. Les livres parlaient de spectacle infernal, colossal, dantesque, de colères imprévisibles et terribles. Ils montraient ces éruptions nocturnes, le rouge éclatant dans le noir, les nuées qui dérobent le sommet qui a explosé, faisant la nuit en plein jour, ces langues monstrueuses qui dévalent les pentes, ou pire encore, avancent lentement et engloutissent les oliviers, les vignes, les maisons, les ponts. C'était ailleurs, il y a des millions d'années. Mais non ! On avait trouvé à la jonction de la plaine un très ancien squelette : les hommes qui peuplaient ma région avaient assisté aux dernières éruptions. Et ces cataclysmes, cette terrifiante géologie, je les avais sous les yeux, un peu émoussés, comme ces reliefs et ces cratères, mais d'une prodigieuse étrangeté.

J'ai vécu pendant deux ou trois décennies à la périphérie des volcans, pour ainsi dire mêlé à ce qu'ils répandent, aux mots désignant leurs produits, leur activité. J'ai habité les maisons construites dans cette lave grise qui noircit avec le temps et donne aux villes de la région une austérité presque funèbre. J'allais observer les carriers qui la débitent à la scie, soulèvent les blocs avec des palans, les taillent au ciseau. Je contemplais ces cristaux qui étoilent basaltes et granites, le mica qui transforme en joyaux les roches les plus ternes, les quartz lumineux, les géodes qui recèlent d'autres trésors parfaits. J'apprenais que la phonolite répercute les sons entre deux roches qui encadrent une vallée, qu'on peut la cliver comme l'ardoise pour en couvrir les maisons montagnardes, que notre région est une des seules du monde où l'on trouve la domite. Savoir impressionniste, bien sûr, cueilli au fil des promenades, des lectures, des voyages, glanage de curieux — et d'amoureux. Plus tard je sautai sur les marches de la Chaussée des Géants en Irlande, rapportai du Mexique un morceau d'obsidienne, le « verre des volcans », contemplai les plages noires et hérissées d'Hawaï où la lave s'est déversée dans l'océan. Je m'avise aujourd'hui que je n'ai jamais vu de volcan en activité. Je rêve de la Ceinture de feu du Pacifique, de l'Islande... Et puis il y a les photos, les récits. Le paysan mexicain qui voit grandir monstrueusement dans son champ une masse fumante ; les habitants de Pompéi moulés sur le vif dans les cendres ; l'éruption de Santorin qui a nourri le mythe de l'Atlantide, elle-même immense volcan ; la coulée de feu la nuit dans une rade près de Reykjavik ; l'explosion du Krakatoa — ce nom qui se déchire avec une sauvage violence. Ces îles disparues aussi vite que surgies. *L'île mystérieuse* qui explose, et l'incroyable dénouement du *Voyage au centre de la terre* où les explorateurs sont rejetés vers la surface après avoir navigué sur un fleuve de lave... Et aussi la mort, volontaire, ce qui ne la rend pas moins horrible, d'Empédocle, les modernes vulcanologues dans leurs combinaisons blanches portant leurs instruments jusqu'à l'extrême limite des cratères, le sol qui brûle sous leurs pas, la fournaise rouge...

Le feu primordial s'enfouit avec les millénaires sous la croûte, s'étouffe, rampe pour en quelques heures détruire l'œuvre des hommes tout à leurs travaux, à leurs gains, à leurs ambitions. Mais avec un entêtement de fourmis ils se déplacent un peu, vont rebâtir, cultiver, récolter. Une obstination minuscule contre la démesure d'une puissance : de quoi longtemps philosopher. Mais voici, surgie de la mythologie, cette figure à laquelle on prête peu d'attention : Vulcain-Héphaïstos, le dieu contrefait et mal aimé, poursuit dans sa forge un travail dont les autres dieux ne peuvent se passer. Une existence obscure, patiente, laborieuse prépare l'œuvre à venir. Métaphore aussi du travail séminal de l'inconscient dans la création. En Vulcain se réunissent le feu brut, illimité, terrible, et celui qui, une fois apaisé, modèle, donne forme, fait naître les objets, les œuvres, la culture, la vie. À l'origine et au centre, le feu —

puis sur la croûte lentement refroidie, les matières peu à peu différenciées, combinées, les reliefs lentement apparus, les espèces vivantes diversifiées : aux flancs du volcan, de l'herbe, des taillis et des arbres, avec des oiseaux, des rongeurs, plus bas des maisons, des villes, des églises. Le volcan nous raconte notre histoire, que nous avions oubliée, et notre destin, que nous ne connaissions plus.

Il faut un assez rude effort pour escalader cette chaîne des puys jusqu'en ses sommets et descendre dans les cratères. Le soleil y flambe au plus fort de l'été, en hiver le froid y mord. En haut du Puy-de-Dôme, bien avant que s'y plante l'antenne pour arroser d'images toute une province, quelques hommes occupaient un petit observatoire météorologique, reclus volontaires comme des gardiens de phare. Ils relevaient les températures, les chutes de pluie et de neige, ils regardaient tourner les saisons, se rassembler et se dissoudre les nuages. Il y a trois siècles Pascal a fait faire là des expériences sur la pesanteur de l'air. Les géologues continuent d'étudier sur le terrain les failles, brèches, coulées, éboulis. À l'époque des pionniers un aviateur a posé son appareil sur une aire d'herbe drue, d'où maintenant s'élancent les hommes volants dans leurs deltaplanes. On a creusé le tuf pour qu'un train à crémaillère puisse grimper, avant de céder la place à une route dessinée selon une parfaite hélice où peinent parfois les coureurs cyclistes. Le site appelle donc maintenant le défi, l'exploit physique ou technique, comme il a invité à l'étude, au déchiffrement, à la connaissance.

À l'époque préhistorique des cultes se célébraient là-haut et, il y a quelques décennies, des jeunes gens gravissaient encore le Puy à la Saint-Jean pour voir se lever le soleil. Les Gallo-Romains y édifièrent un temple, dont il ne reste que les fondations, mais elles disent les dimensions considérables de l'édifice. On y a trouvé des statuettes votives et un petit Mercure en bronze, trapu et gauche, mais avec le caducée et des aigrettes aux tempes et aux chevilles. Pourquoi Mercure ici ? Parce qu'il était, au dire des historiens, un des dieux les plus vénérés des Celtes. Mais ne serait-ce pas aussi à cause du vent, du dégagement circulaire où rien n'arrête le regard, des variations atmosphériques, des échanges du soleil et des nuages ? Cela sied à un dieu voyageur, voleur et messager, à celui qui se pose à peine et repart, qui sans fin se métamorphose — antithèse du pôle puissamment établi ici, de la terre sous laquelle couve le feu. Par son élévation, sa masse, la domination qu'il exerce sur le paysage, le Puy manifeste une force mâle qui fouette, impose et s'impose, mais le dôme gonflé comme un sein appelle inévitablement la figure maternelle, la Grande Mère dont il est issu et qu'il irradie. Mercure sans doute, mais d'autres divinités sont ici agissantes.

Du religieux au scientifique, au technologique et au sportif, ces vocations successives nous instruisent d'évidence sur le mouvement de notre Histoire et sur nos âges intérieurs. Rien ne semble désormais capable de défendre quelque lieu que ce soit contre la dégradation. Celui-ci a subi un viol collectif mais sa réalité secrète en est-elle atteinte ? Les nuages passent sur la chaîne des volcans, et sur nous-mêmes... Cultivons-nous l'exploit, la connaissance, l'adoration ? Parmi ces montagnes, j'ai connu, ou pressenti, cette sollicitation triple : culte du moi, passion pour les secrets du monde, reconnaissance d'une Présence. Une flamme invisible doit en permanence brûler en ces cratères qu'on dit éteints. Le soleil est plus abrupt, plus éclatant, plus implacable qu'ailleurs, le vent vient et s'enfuit à grandes respirations, le roc dur, le tuf poreux affleurent sous la végétation qui s'agrippe avec ses tiges rampantes. Dans cette quaternité des éléments, l'absence de l'eau rend celle de la gourde plus rare, plus délectable. Les éléments s'exercent là à nu, et le corps, le cœur et l'âme s'y dénudent sous leur action. Dépouillés, purifiés, nous sommes prêts pour d'autres aventures que le cercle du quotidien. Pas seulement pour l'exploration horizontale du monde mais pour quelque chose comme un appel d'air intérieur.

Quelques kilomètres plus bas, dans le socle de la chaîne, en un village de verdure, est né Teilhard de Chardin. Cet homme, qui avait l'intelligence et la passion, l'amour et la vision, je me plais à l'imaginer en train de contempler ces volcans, à les admirer dans leur grandeur âpre, leur solitude farouche, de sentir s'éveiller en lui ce qu'il a nommé le sens cosmique. Peut-être a-t-il trouvé là une forme de la « complétude » que toute sa vie il a cherché à habiter.

Au début de nos existences, à quelque moment de l'enfance s'accomplit « l'excursion magique » dont parle Gracq. Vers un lieu en lequel se condensent — au sens propre — émotions, images, souvenirs, références culturelles, figures de notre mythologie personnelle, intuitions, prémonitions, pensées maîtresses, lueurs ou lumières venues d'on ne sait où : l'essentiel de ce qui constitue une vie et un être. Plus peut-être : la « préfiguration d'un destin » ? Parmi ces volcans, je crois pouvoir dire que, sous le signe mercuriel, m'ont été ouverts l'ivresse du mouvement et de la liberté, la beauté esthétique, le silence, la continuité perçue du tellurique et du spirituel.

# LA TRIADE SECRÈTE

Une montagne, une église, un château, sur « cet antique morceau de lune tombé au cœur de la France » (Gracq) qu'est l'Auvergne. Les reliefs se sont recouverts en nappes, en coulées, en charrois, qui se sont fracturés, disloqués à n'en plus finir, avec çà et là de vastes effondrements qui ont fait des plaines. On en sort par de brusques ruptures de niveau pour gagner les socles où se dressent les volcans éteints et l'on se perd d'un creux en un repli, d'une lande en une forêt. C'est là que s'est dessiné à partir de ces trois points mon « triangle sacré ». D'abord le sommet de cette chaîne des puys que j'ai évoquée, d'où l'œil parcourt l'horizon complet et, distantes de quelques kilomètres, ces deux constructions qu'ont édifiées les hommes il y a sept siècles.

Une légende dit que l'église d'Orcival a été bâtie à cet endroit après diverses tentatives infructueuses : le maître d'œuvre a lancé un pic ; on a creusé et échafaudé là où il s'est fiché en terre, à flanc de colline, à son pied même où jaillissent des sources probablement connues des druides. Peu de dégagement donc autour de l'église, de sorte qu'elle n'offre qu'une perspective réduite, de sa base vers le portail, l'abside et le clocher octogonal à deux étages caractéristique de ce style, coiffé d'un cône. L'arkose dont elle a été bâtie a foncé et lui donne une austérité de bon aloi. Nul souci de plaire dans ces volumes compacts et cependant d'un vigoureux élancement. Comme l'édifice n'a pu prendre ses aises en largeur, il s'est établi à la verticale, en une assise solide, vers le haut de la colline qui le surplombe presque, et vers le ciel. La nef y demeure obscure même par les journées du plus vif soleil. Les chapiteaux en constituent la seule décoration mais les arcades en plein cintre qui délimitent le chœur sont bien d'aplomb. En son centre, la Vierge noire, un peu gauche sous ses dorures, avec l'enfant sur les genoux, grave, attentive : Notre-Dame de la Délivrance. Au-dessus du portail, à l'extérieur, pendent des fers et des boulets de galériens. Aujourd'hui on vient ici demander la délivrance d'autres chaînes. On descend dans une crypte où règnent un silence et une obscurité de caverne et où brûle une petite flamme.

Je ne trouve pas dans cette église la célébration de la matière rendue aérienne, fondue à la lumière, glorieuse à profusion dans ses vitraux, ses pinacles fleuronnés, ses ogives à nervures épurées. Non pas l'éblouissement, l'hymne angélique des cathédrales, mais un autre chant, un murmure, qui apaise le tumulte de l'âme, lui enseigne la vanité des discours et de l'argutie. On sent ici la terre, l'humus qui nourrit l'herbe et l'arbre, l'eau qui sourd entre les racines avant de couler au jour, la pierre au grain serré et plein de bulles microscopiques descendue des volcans. L'église parle d'enfouissement dans les profondeurs et en même temps de poussée, de surgissement difficultueux, patient à conquérir son équilibre.

Les nuages lents ou bousculés passent sur le clocher, sur les crêtes, au-dessus des hameaux, des fermes trapues, vers d'autres hauteurs et d'autres vallons. Vers ce château de Cordes dont le nom sonne étrangement espagnol, où il ferait bon vivre.

À l'extrémité d'une allée en arc de cercle plantée de puissants tilleuls, au-delà du portail classique, au fond de la cour, derrière les buis, il se découvre à la dernière seconde. Il semble se cacher mais ce n'est que retrait courtois, urbanité sans morgue, avec la juste mesure d'élégance et de discrétion, comme celle qui règne dans les jardins dessinés par Le Nôtre précédant le château. Improbable Versailles avec ses parterres gazonnés, ses haies taillées au cordeau, les allées de sable qui rayonnent à partir de bassins ronds. Les siècles se rencontrent dans ces grosses tours féodales aux deux bouts de la bâtisse, en ces échauguettes, en ces brefs mâchicoulis qui paraissent maintenant une coquetterie. La Renaissance a dressé dans le creux de l'équerre une tour carrée pour abriter l'escalier, agrandi les meurtrières en fenêtres à croisillons pour faire entrer la lumière, arrondi des moulures à coquilles au-dessus des portes. On peut voir là une civilisation qui s'essaye, s'ouvre, se déploie et se raffine. En ce château il y a du paysan et du gentilhomme, de la rudesse et de l'amabilité qui ne se livrent point complètement. De l'autre côté de la construction, les murs tombent à pic dans un ravin d'arbres.

Je suis venu par les pleins feux de l'été. Les touristes y observaient une louable retenue. Puis, à l'automne, il n'y avait personne. Seul un jardinier couchait des paillis sur les parterres dénudés de leurs fleurs. Les murs avaient une couleur d'argent éteint, la terre était grasse, l'herbe et les arbres humides, le ciel gris. Le silence était celui d'une solitude légère. J'imagine les pluies qui font sonner les ardoises, les brumes qui dissolvent les angles. Et les tourmentes de neige. Plus haut, à la traversée des cols, des voyageurs s'y perdaient jadis. Le vent hurle dans la montagne, secoue les hêtres du parc qu'on devine par les fenêtres, par ce crépuscule qui vient déjà dans l'après-midi. On doit alors pousser les feux dans les cheminées dont le manteau

147

porte blason. Le fumet des sauces monte des marmites pansues, les pichets de vin et les verres luisent sur les tables, les visages paisibles sont tournés vers les flammes. Quelqu'un va peut-être raconter. Mais l'on prête l'oreille, si la cloche d'entrée tintait, si quelque âme égarée venait demander qu'on lui ouvre... Le cœur du château palpite plus fort. Aux murs, des ombres passent sur les tapisseries qui parlent de la chasse, de tournois et d'amours. On prend un candélabre pour monter aux bibliothèques, où les in-quartos reliés de cuir s'alignent depuis des générations, aux chambres lambrissées où l'on se glisse dans les lits à courtine. Dehors les rafales n'ont pas faibli. Puis le jour se fait lentement, les massifs et les haies du parc émergent à peine de la neige. De loin le château doit être une masse noire resserrée sous ses toits blancs et, au-delà, les arbres chargés, les montagnes que dégagent par intervalles les nuées basses. Et il y aura le soleil, les ruissellements d'eau sur les ardoises, dans les allées et les fossés, la terre noire, l'herbe retrouvée, les oiseaux revenus. Au creux des rochers, sous les taillis, les congères durcies vont demeurer jusqu'au cœur du printemps. Les violettes sauvages s'ouvrent sur les talus, les pâquerettes dans les prairies. Plus haut règnent les grandes gentianes jaunes, les genévriers échevelés, les bruyères aux tiges torses sur les vastes coulées de lave des planèzes.

Autrefois on donnait aux écoliers pour sujet de rédaction : « décrivez le lieu où vous aimeriez vivre ». Inévitable pensum ou, pour peu qu'on s'y abandonne, séduisant exercice de l'imagination. Je le pratiquais avec timidité, par défaut — ou par crainte de trop livrer ? Aujourd'hui refont surface par cette brèche des doutes quant à notre époque. Ce petit château oublié entre son parc et les forêts survit à un temps et à un mode d'existence abolis. Peut-on regretter qu'il n'y ait plus de hobereaux vivant du travail des paysans, recevant en legs et comme un dû la demeure familiale et les privilèges qui s'y adjoignaient ? Faut-il donc se déprendre une fois pour toutes de rêveries qui nous isolent et finalement nous trompent ? Pourquoi rechercher dans le passé des recours au sein des situations qui nous pressent ? Peur de la nouveauté et du risque, repli régressif qui déclenchent chez les bien adaptés, les esprits « progressifs », le froncement de sourcils ou le sarcasme. Reliques des âges obscurs, vieilleries à reléguer dans les greniers de nos souvenirs en attendant de les jeter au feu ! Faire table rase, au besoin par une révolution « culturelle » digne de ce nom !

Et d'un même souffle, que ce soit en France ou au Québec, on « classe » des sites et des monuments, on ménage des territoires, des zones protégées, on restaure. En sauvant le patrimoine, que veut-on sauver ? Des souvenirs et des témoins, des inspirateurs, des modèles, des accomplissements, comme si l'on doutait de pouvoir faire aussi bien en des espaces aussi beaux. Dans les années soixante-dix les intellectuels citadins, après avoir tenté de bucoliques retours à la terre, ont regagné les villes. Cependant on garde un modeste chalet près d'un lac pour, le temps d'un week-end, contempler l'eau, le ciel et les arbres, pour travailler de ses mains en ne comptant que sur ses ressources. Respirer, faire silence, se ménager une réserve de l'âme. Dans les forêts québécoises des hommes continuent de bâtir des cabanes en rondins, presque aussi rudimentaires qu'il y a un siècle quand les voyageurs et les bûcherons pouvaient en tout temps y trouver un abri. Ils faisaient halte puis repartaient, laissant le poêle à bois et la lampe à huile garnis, le seau plein d'eau fraîche. La porte n'avait pas de cadenas.

Quand je reviens à Cordes, c'est pour la beauté du lieu. Et pour me dégager d'esclavages, violents ou sournois. Pour sentir à nouveau dans mon corps et mon cœur une liberté. Avant que les châteaux ne fussent des musées, que l'on visite distraitement, ou des ruines abandonnées au pic, aux pluies et aux corbeaux, ils furent des demeures, c'est-à-dire pas seulement des protections mais des lieux d'échange : entre les époques, entre les humains, entre les humains et la pierre et la terre et le ciel. Je ne viens pas ici, loin du vacarme et du plastique, faire provision de nostalgie mais me rappeler à moi-même. Comme je reviens à Orcival, en « pèlerinage » privé, loin des épanchements sulpiciens et des pompes romaines. Je comprends mieux maintenant qu'il ne s'agit pas seulement d'échapper à la prison des routines contemporaines mais de sortir d'une habitude combien plus profonde : briser une « mécanisation » de l'âme pour la réveiller — comme on dit d'une douleur qu'elle se réveille. Ces lieux secrètement actifs de mon triangle sacré me donnent sans doute l'essentiel d'un mode d'habitation d'un espace, d'une exposition au sentiment cosmique, d'une spiritualité. Ce que je cherche par mes questions et mes mots, ce que j'essaye de mettre à jour et à nu, peut-être des hommes et des femmes qui vécurent et œuvrèrent là depuis des siècles l'avaient-ils déjà pressenti : des affinités et des cohérences, d'invisibles et décisives liaisons. Il me semble que le terrain a été préparé...

## JÉRUSALEM

Dans ma nuit, au bout d'un chemin est apparue une ville. Des monuments et un dôme doré. Sur le chemin, à ma droite, marchait un homme jeune qui psalmodiait et qui, m'a-t-il semblé parfois, pleurait.

Un matin, au détour de la route, j'ai aperçu la ville rassemblée dans une large courbure du plateau, avec un dôme doré. Des murailles ocre, des versants de colline ocre, des oliviers gris vert. Du soleil. Dans les rues, des bruits de pas et de voix. La foule entrait et sortait par les portes. Celle de David et celle de l'Est, la porte de Damas, la ville du désert dont je connaissais depuis si longtemps le nom. Le marché encombré, la longue galerie des boutiques sous les arcades. Des ruelles qui grimpent, les pavés, les marchands de bibelots, de cuivres, de tapis, aux aguets, accrochant le passant pour l'envelopper dans le filet de leurs promesses.

Il y a deux mille ans un homme montait par là, portant une croix, parmi les soldats, avec derrière lui des hommes et des femmes qui voulaient garder l'espoir. Le dernier acte s'est joué là, dit-on, la croix a été plantée dans ce sol au-dessus duquel s'arrondissent maintenant des voûtes enténébrées. Des comptoirs y ont été installés, défendus pouce par pouce contre le voisin concurrent qui réclame, lui aussi, la seule vérité. On vend des lampions. Qu'ai-je à faire là ?

Quelque part dans un hall, une flamme brûle près d'une immense dalle noire. Les noms des camps de la mort y sont gravés, qu'autrefois on s'échangeait avec terreur, que maintenant on lit avec des larmes.

C'est le soir. La ville se vide d'un coup. Des hommes en noir longent les murs, portant toques de fourrure et bas de soie. Des ombres. Ces hommes ne me sont pas étrangers.

Puis d'autres ruelles qui sinuent, des escaliers et soudain, comme si le sol s'enfonçait, une large fosse vers laquelle se dirigent d'autres hommes en noir. Face au haut mur qui la ferme, ils s'arrêtent, s'inclinent, oscillent d'avant en arrière, lisent dans un livre. Ils glissent un petit papier dans l'interstice des blocs effrités d'où sortent des touffes d'herbe. De plus près, alors que je vais les rejoindre, je les entends murmurer. À ma droite marche lentement un homme jeune qui tient un livre ouvert. Il psalmodie et, me semble-t-il parfois, il pleure. Voilà donc pourquoi je suis venu à Jérusalem.

# DELHI

D'abord la nuit humide pleine d'odeurs, de bruits d'hommes et de véhicules, toute la pesée énorme d'un continent que l'on devine. Les camions trapus brinquebalent au long des avenues, quelques vaches efflanquées errent comme des ombres blanches, des silhouettes enveloppées de guenilles jonchent les trottoirs, parmi les papiers et les détritus, partout abandonnés au pied des murs aux coulures noirâtres. Inscriptions en hindi, volutes sous des barres horizontales, en anglais, visages aux larges sourires à moustache sur les panneaux dressés contre des échafaudages, les riches de toujours, les puissants d'aujourd'hui, ceux qui veulent l'être, « vote for... », drapeau vert-blanc-rouge sur lequel s'ouvre une main. J'aurais aimé venir sans bagages presque, j'ai voulu laisser les images derrière moi mais les voilà rappelées dans l'instant d'un coup d'œil, confirmées, nourries.

Ce matin, dans ces beaux quartiers déserts où sautillent des oiseaux, c'est comme si la ville plaçait quelques touches, ou plutôt comme si elle énonçait les premières notes d'une ouverture, en prenant son temps. Quelques instants plus tard la chaleur s'est déjà abattue sur les pétarades et les klaxons en un déchaînement qui, curieusement, garde un air de calme et de naturel. *Tout* en effet semble ici aller de soi. Y compris ce crescendo perpétuel où chaque jour, chaque minute même produit du plus fort, du plus frappant, du plus étonnant, jusqu'à l'insoutenable. Les bruits qui n'ont de cesse, la poussière brûlante en suspens dans l'air, la foule, les véhicules, les animaux, les humains enchevêtrés dans d'inextricables labyrinthes qui bougent, se déforment, se reforment... Parmi des terrains vagues, le parlement et des avenues ouvertes sous des arcs de triomphe, les charmeurs de serpents, les marchands de glaces, le mausolée de brique, les vautours au faîte des pins, les bassins à sec, la mosquée sous les arbres en parasol et le minaret fuselé — tout ceci paraît flotter, sans rapport visible avec ce qui l'entoure et cependant englué dans une masse remuante. Un espace que je sens énorme, quasi illimité, dont les structures m'échappent. Un plan de la ville ne m'est d'aucun secours pour m'y situer, pour repérer l'emplacement respectif des quartiers et des monuments, encore moins pour apprécier les distances. Comment découper des unités, tracer des limites, contenir, définir un ensemble alors que la masse physique et humaine partout déborde ? Et soudain je suis pris dans une venelle, un fond de cour, à l'ombre d'un auvent, dans une échoppe, à l'arrêt d'un autobus, acculé, étouffé. Mais cependant tout est normal autour de moi. La ville entière est faite d'une agglutination anarchique, d'un agglomérat de cellules où chacune a trouvé sa place.

Mouvement frénétique et qui néanmoins se propage et s'entretient sans hâte. Entassement de choses et d'êtres qui fait penser que rien ne peut s'y rajouter, et pourtant il ne cesse de croître. Espace saturé du village ou de la ville où il ne reste plus d'air, et cependant chacun y est inséré. Entre le palais et le terrain vague, entre les gratte-ciel et les bidonvilles, entre la cour du temple et la ruelle pleine d'ordures, une multitude infiniment fragmentée et pourtant continue de petits gestes, de minuscules trafics, d'existences à peine visibles, une accumulation totalement fortuite — et qui finit par faire un ordre. Un chaos qui est lui-même un ordre.

Un cortège ininterrompu sinue lentement sous le soleil vers la colline. Qui peut dire où il se forme ? Peut-être dans cette herbe lépreuse et la poussière brûlante où s'accolent les autobus, parmi ces buissons qui dégagent une puanteur de latrines, plus loin, autour des baraques où l'on vend de l'eau, où les pieds nus malaxent la boue. Plus loin encore. Saris rutilants, bleus, rouges, jaunes, paillettes, drapés de soie. Parapluies ouverts en guise de parasols. Chemises blanches, murmures, brefs éclats de voix qui s'assourdissent et jaillissent ailleurs. Visages cuivrés. Visages noirs. Lèvres gonflées. Yeux de jais ou de velours. Il faut se déchausser. Gravir les marches de marbre, vers le temple dont les pointes dressées s'entrouvrent comme un immense lotus blanc. Le silence d'un coup, concentré et léger sous la voûte. Des silhouettes passent à contre-jour devant la baie vitrée entre les piliers, très lentement. Leurs pieds ne se posent pas au sol. Silhouettes étirées, amincies, épurées, aux contours faiblement lumineux, et qui, déjà, ont franchi le seuil du rêve.

La moto-taxi pétarade dans la nuée des véhicules. Gros insectes bruyants qui se croisent, vont se heurter, s'évitent à l'ultime seconde, ralentissent, repartent. Oscillants, poussifs puis décidés, impérieux. Brefs arrêts. Des fillettes loqueteuses tendent la main, la portent à la bouche. Des boulevards. Arbres poussiéreux d'où dégringolent des singes jaunâtres. Vaches allongées. Hommes allongés. Savates qui traînent. Jambes qui tournent des pédales. Derrière un mur interminable en bordure d'une avenue, un entassement de bâches, de planches, de tôles sur des piquets. Pour des animaux. Pour des humains, ou presque. Des rangées continues de boutiques. La poussière, les gaz d'échappement, les klaxons, les moteurs, la foule engluée.

Non, elle s'écoule en courants ramifiés à l'infini, mouvants à l'infini. Elle s'épaissit en remous circulaires à un croisement. Nous nous croyons pris. Maintenant dégagés sans comprendre. Emportés. La ville s'ouvre sur les colossales façades crénelées d'un palais rouge. Tours d'angle, coupoles. Une place, ou un champ de foire, peut-être des arbres. Estrades, échafaudages. Des mannequins, des têtes de carton-pâte hautes comme des maisons, les couleurs hurlent. Un cirque, un carnaval que nous traversons. Nous émergeons pour replonger. Une bouffée d'air sale. La moto nous dépose. Est-ce là le cœur de la vieille ville ? Qu'est-ce que le cœur de cette ville ? Le marché ? Mais toute la ville est un marché. Rickshaws entassés. Hommes couchés dessus, qui dorment, qui attendent. Des tentes, des baraques où pendent des enfilades d'œillets jaunes, des écharpes, paillettes, pacotille, bocaux pleins de sucreries, affiches, déesses aux grands yeux langoureux, dieux à tête d'éléphant dans le rose, le bleu. Les éventaires sur les trottoirs, on se faufile. Bibelots de plastique, chaussures en plastique, montres, ustensiles de cuisine en plastique, couteaux, boîtes d'encens. Du riz, ou des sucreries en tas sur une plaque, les mouches agglutinées que le marchand repousse d'un geste mou, ou qu'il ne repousse pas. Fritures grésillantes. La puanteur âcre d'énormes cages à volailles grillagées. Les viandes saignantes à des crochets. Les mouches. Et des marches de marbre qu'un homme enturbanné lave à grande eau. Une façade de marbre et de dorures. Nous nous déchaussons. Un autre homme barbu nous entraîne d'autorité. Le temple sikh, grand vestibule couvert de tapis, des fleurs, hommes et femmes marchent doucement, s'inclinent, s'assoient. Un accordéon ou un harmonium accompagne un chant grave et véhément. La galerie où d'autres hommes à turban lisent à mi-voix les livres sacrés tout le jour, toute la nuit. À nouveau le bruit, les trottoirs où l'on ne respire plus, les recoins où des êtres sont accroupis, couchés s'ils ont de la place. Des femmes tendent la main. Un homme tend ses deux moignons car il n'a plus de mains. Des enfants gémissent, pleurent, se taisent quand ils n'ont plus la force de pleurer. Tous ceux qui sont couchés le long des murs et des escaliers de la mosquée. La plus grande après La Mecque. La cour de marbre, la fontaine des ablutions, les murs ouvragés. Les hommes en blanc, la toque blanche. Maintenant c'est l'heure de la prière. On pousse les infidèles vers la sortie. La grille se referme. Les escaliers. La cour des mendiants, des estropiés. Qui ne l'est pas ? La poussière. L'assourdissement. Les boutiques se déversent sur la chaussée, la chaussée déborde sur les étalages. Deux femmes soudain. Les yeux déments, échevelées, le tambour qu'elles battent, la main vers nous, comme pour frapper ou pour saisir. On s'écarte. Les vélos, les camions, les klaxons. La moto-taxi nous emporte. La fin de l'après-midi, presque le crépuscule. Un infirme se traîne assis dans la rue qu'il veut traverser, il fait des moulinets avec un grand bâton pour écarter les autos. Les pétarades de la moto se détachent maintenant plus nettes dans les avenues où la rumeur a baissé de quelques degrés. Cela ressemble à du silence. Que s'est-il passé ?

# HIMÂLAYA

Dans le blanc. Incorporé aux nuages qui errent en ces couloirs de l'hôtel ouverts à tous vents. La vallée qui plonge derrière un rideau d'immenses pins est invisible, et l'autre côté n'existe pas, ou pas encore. On parlait de glorieux sommets enneigés mais les dieux-montagnes ne se révèlent qu'à leurs heures.

Plus tôt il y a eu les coups lents d'un tambour qu'on portait par les rues. Avant, c'est-à-dire avant la nuit, ce fut la montée depuis la plaine, le soleil, la cohue opaque des villages. Des hommes travaillaient sous des arbres élevés, le long des fossés, dans des champs que couvraient les théiers où le soir tombait. La puissance de ce pays me saisit alors, comme si d'un coup je cherchais mon souffle. La route se haussait parmi la dense végétation, s'entrelaçait à la voie étroite d'un chemin de fer. Enfin est apparue une locomotive ahanante, avec le feu entrevu de sa fournaise, les deux wagonnets pleins d'ouvriers au retour. Les maisons des villages étaient si proches de la route qu'il semblait que nous les coupions par le milieu. Il eût suffi de tendre la main pour saisir un fruit aux étalages entre les caisses et les bocaux qu'éclairait une lampe à pétrole ou une bougie. Puis la ville s'est groupée, par paquets d'habitations, aux flancs d'une vallée en arc de cercle.

Maintenant je voudrais échapper à cette humidité froide qui imprègne tout et ne se dissipe jamais tout à fait. Les façades sont grises, comme les premiers passants. Ils s'arrêtent aux minuscules boutiques qui s'y ouvrent ou qui se terrent dans des cabanes en planches, ils achètent quelque friture, quelque sucrerie. Des jeeps manœuvrent, s'insèrent, s'emboîtent. Bientôt chaque recoin occupable sera occupé. Chaque trafic a repris, sans doute comme la veille, et comme il reprendra le lendemain.

Des grilles clôturent des cours, des pancartes signalent un centre bouddhiste, un foyer pour les Népalais, une école catholique de jeunes filles. Quelque chose de composite, comme si l'Occident — par ses occupants britanniques de naguère — avait d'abord imposé ses architectures et ses modes, puis cédé peu à peu, sans reprise possible, à une lente et irrésistible poussée humaine. La ville a cédé au temps, c'est-à-dire aux pluies des moussons qui, année après année, se déversent pendant des mois. L'eau a eu raison des vastes bungalows à galerie qui furent résidences d'été, des hôtels victoriens qui abritèrent les bavardages, les flirts, les commerces des puissants maîtres. Maintenant il reste des portes placardées de planches vermoulues, carreaux cassés aux fenêtres, gouttières crevées, crépis écaillés, longues coulures noires sur les murs, croûtes de moisissures vertes à leur pied. Dès qu'elle est dressée une bâtisse a déjà perdu son air de neuf — mais l'a-t-elle jamais eu ? Des tiges de métal saillissent du béton : les maisons sont-elles en chantier ou bien achevées ? Pas tout à fait donc, jamais complètement, par le peu de soin des ouvriers, par un « c'est bon comme cela » généralisé ? Mais aussi comme si les eaux du ciel, celles qui demeurent en suspens dans l'air, voulaient inlassablement décomposer en humus tout ce qui s'édifie, le dissoudre, le ramener à la terre.

Dans la grisaille du matin des marchands déballent des laines rouges, vertes, bleues, de la pacotille de plastique bariolée. Les porteurs népalais gravissent la rue, avec sur le dos un sac, un meuble, une caisse tenus par la courroie qu'ils passent sur leur front. D'une hotte pleine de quartiers de viande le sang dégouline sur leurs jambes musclées. Oranges, salades, tomates en pyramides, sacs bourrés de farine, de cardamone, de riz très blanc, de cumin, de piments séchés. Un homme accroupi soude une lampe, un autre découpe des semelles de cuir. Des badauds entourent un camelot qui bonimente. Un vieillard gonfle des ballons de baudruche. Des mains ajustent une lanière autour d'un tambourin. Une cuillère retourne des beignets dans l'huile fumante d'une poêle. Une petite vieille ridée regarde au creux de sa paume sale quelques piécettes. D'autres mains enfilent des colliers d'œillets jaunes. Un mendiant assis prend la pose pour la photo, les mains jointes. Des pièces d'étoffe éclatante s'enroulent et se déroulent, coton, soie, brocarts. Au fond des échoppes tournent des machines à coudre. Boîtes, sacs, rickshaws déglingués, chèvres et chiens, affiches, parfums et puanteurs, peaux cuivrées, cheveux, yeux de jais et yeux bridés, la poussière, d'autres boutiques encore, trafics, des vaches décharnées, hommes qui pédalent, cabanes, hommes couchés près des ordures, le soleil, la poussière partout. Où est-ce, où était-ce ? Quelle saison, quel moment ?

La pleine lune fait de la nuit déjà le plein jour. Orion brille d'un éclat que n'atténue pas encore l'approche de l'aube. Elle est là, cependant, au bout du sentier, annoncée dans l'eau des ornières. Et au-dessus des arbres, comme s'élevant d'une vaste coupe, l'Himâlaya. Une vapeur, une ombre blanche, un fantôme.

Une fumée sort d'une cabane. On y remue. Je m'éloigne, contourne l'édifice qui sert de temple et de refuge. Voici un autre sentier sous le couvert des arbres, les palmes des bananiers, les pins au fût très droit et très haut, les bouleaux familiers, d'autres essences dont je ne connaîtrai jamais le nom, d'où pendent des lianes et des mousses sèches. Quelques bruits d'oiseaux, une tache blanche qui est peut-être une aile. De l'orient la clarté a maintenant gagné tout le lieu.

Un lac, à peine plus qu'un étang tout rond et ourlé de brume, est là, parfaitement calme. Une passerelle vermoulue, à même le sol spongieux jonché de papiers, conduit au bord du lac sacré. L'eau en est si pure, dit-on, que si une feuille y tombe les oiseaux viennent l'en retirer. Tout près de l'eau, la touchant presque, un moine au dos massif drapé de cramoisi se prosterne. Il éparpille des pétales jaunes. À côté de lui s'élève la mince fumée d'un bâton d'encens.

En haut du dernier lacet du chemin, un monastère. Les drapeaux de prières flottent au ralenti le long des mâts, leurs écritures délavées à contre-jour sur le ciel bleu. Une énorme pierre ronde comme une meule, peinte et gravée du mantra sacré, est dressée verticalement. Dans l'escalier au pied de la façade rectangulaire, une fleur jaune — comme si elle avait été déposée à mon intention.

Je contourne le bâtiment percé de petites fenêtres. L'entrée est par derrière, un bref parvis, la porte cadenassée. Une volée d'oiseaux, comme des moineaux plus vifs, plonge sous les auvents où se tordent des dragons verts et rouges. Soleil de début d'après-midi. Soleil de la sieste sur les communs tassés qui encadrent un terre-plein d'herbe. On dirait une cour de ferme endormie. Attendre. Ne rien faire. Regarder le rideau d'arbres feuillus, le tronc de l'arbre mort d'où pendent des mousses noires. Regarder les cimes enneigées qu'effleurent de lents nuages.

Des voix d'enfants psalmodient. Une vieille femme presque impotente s'est assise pesamment au soleil sur une marche de l'escalier. De sa main gauche elle fait tourner son moulin à prières. Au milieu de la cour des adolescents taillent maintenant de longs bambous. Un gamin s'agite, crie, saute, court comme un jeune animal débridé. La porte du monastère est ouverte à deux vantaux sur l'ombre où veillent les statues dorées flanquées de fresques. D'immobiles créatures auréolées s'y recueillent, des démons noirs aux yeux exorbités y gesticulent. Deux longues estrades basses avec des tapis se font face. Un pupitre, une conque, un gros tambour pansu accroché. De l'encens brûle parmi des bols d'eau, des petits lampions alignés devant le grand Bouddha aux paupières presque closes. D'une main il accueille, de l'autre entre deux doigts il enserre le *dordje* : la force de la foudre, la lumière de l'éveil. Il tient le silence en équilibre autour de lui.

Une porte latérale conduit à un escalier sombre, une loggia en surplomb, une salle vaste comme un grenier. Sous le cintre d'un arc-en-ciel, une apparition. Arabesques, minuscules figurines, balcons verts, dieux sur des trônes, animaux, hommes en prière, corps torturés, démons frénétiques, clochettes, clochetons et banderoles, dentelures rouges, dais jaunes, balustrades bleues sur les nuages aux quatre régions du ciel. Un lama, pendant cinq ans, a découpé, sculpté, peint, ajusté, poli, assemblé cette immense architecture aérienne des enfers et des cieux sortie de sa vision. Je l'imagine déchiré peut-être, entre la ferveur de son projet et le désespoir de ne jamais atteindre la splendeur qui l'a ébloui.

Les portes se referment. Quelque part derrière des fenêtres croisillonnées de lattes, des bruits ménagers. De jeunes moines torse nu étendent leur lessive sur l'herbe. Des chiens dorment. Les moineaux poursuivent leurs vols fous. Et les psalmodies continuent, pour que jamais ne s'interrompe la louange. Un ruisselet dans les collines fait tourner le cylindre aux caractères sacrés. Les trompes mugissent vers l'horizon, les cymbales éclatent et frémissent. Murmures du vieux moine corpulent qui dans ses bottes de caoutchouc tourne autour du temple, son chapelet à la main. D'autres murmures qui descendent soudain de quelques tons puis touchent une note grave et se relancent. La flamme vacille, dans le vaste et majestueux monastère de Rumtek, dans Pemeyangtse vénérable, et là, sous un simple hangar de madriers, dans un hameau perché sur une butte que bordent deux étangs aux nénuphars. Un homme badigeonne de chaux des pierres sèches empilées, humble monument devant l'immense plongée de la vallée. L'herbe de montagne ondule dans le vent. Sous les pins et les drapeaux, en souvenir des êtres éveillés qui ont vécu là, le jardin des stûpas blancs : sur le socle carré et le ventre rond, la colonne annelée avec le croissant de lune monte vers le ciel.

Et au-delà, les sommets, les demeures des dieux, pyramides de cristal.

Les rizières, les champs de millet et de sarrazin montent en terrasses qui disposent la gamme du jaune au vert. Une colline bombe, en appelle une autre, se creuse en ravins dans un enchaînement de courbes et de volutes qui ne peuvent jamais finir. Ces reliefs, on sait bien qu'ils ne sont que des abords, des prémisses, les contreforts d'un massif au-delà de l'imaginable. L'œil et l'esprit, proprement, sont déroutés. Il n'est pas de voie qu'ils puissent emprunter. Ne demeure désormais possible qu'une avancée myope, le pas à pas.

C'est ainsi que les habitants de ces contrées paraissent vivre et se satisfaire d'une existence réduite à son périmètre nécessaire. Des cabanes dispersées en fibres de bambou tressées, de tôle et de paille, quelques bananiers aux feuilles tombantes, un lopin de légumes pris sur les herbes, les buissons, à peine dégagés de cette végétation qui sans cesse se referme. Quelques chèvres, un enclos exigu de planches pour le cochon. Des enfants nous regardent passer, leur visage s'ouvre en larges sourires dès que nous leur parlons, des femmes répondent à notre salut, les hommes plus réservés feignent l'indifférence. Un vieillard qui cueillait des oranges ou des guavas descend le talus pour faire photographier son décharnement pittoresque, puis il tend la main. Une jeune mère observe, son bébé sur la hanche. Une aïeule toute chargée de colliers de métal répond fièrement aux questions : son âge, le nombre de ses enfants et petits-enfants. Parfois les membres d'une famille se rassemblent pour que nous prenions un raccourci à travers leur jardin, ils nous saluent en joignant les mains. Et partout les drapeaux de prières dans le vent.

À nous qui pour nous sentir exister ajoutons des kilomètres aux kilomètres, voilà un rappel pour nos courtes mémoires. Ces gens savent-ils quel monde existe au-delà du premier village ? On pourrait croire à la misère, à l'asservissement, à un anachronique résidu des laissés pour compte de la civilisation. Mais on lit sur ces visages tannés, dans ces yeux noirs bridés, chez ces enfants, ces jeunes femmes d'une grande beauté, un calme — oserait-on dire un bonheur ? Nous laisserons-nous aller encore, par de nostalgiques et lénifiantes rêveries, à situer l'utopie dans le passé ? Ou bien est-il encore possible à des humains de vivre mêlés à la terre, aux plantes, aux animaux, sous le soleil, la pluie, les nuages ? Libres par l'effet de la modestie de leurs besoins ?

Nos tentes plantées sur un terrain vague à la sortie d'un village aux confuses limites attirent les enfants comme le chapiteau d'un cirque. Toute la nuit les chiens aboient : nous avons occupé leur lieu de rassemblement. Au matin, sur un autobus blanc de poussière, on ficelle des ballots, des passagers s'accrochent comme ils peuvent ; il va descendre sa cargaison quotidienne vers les villages des vallées. On s'affaire partout mais avec lenteur. Les véhicules ne montent pas plus haut. Ils sont relayés par de placides et lourds bovins, croisés de vaches et de yaks, et par les porteurs népalais. Les pieds dans des espadrilles éculées, le torse flottant dans des chandails troués, la courroie tendue sur le front, ils hissent couffins, caisses, plaques de tôle, nous dépassent, font une pause autour d'un feu de brindilles, repartent dans la rocaille aiguë et glissante. Ils nous attendront plus haut, quand nous déboucherons sur un terre-plein marécageux, simple clairière ouverte dans les arbustes denses. Ils auront déjà établi notre campement, puisé l'eau à une source lointaine, coupé du bois avec leurs couteaux à longue lame courbe, posé les chaudrons sur les réchauds à pétrole qui lancent une flamme bleue. Plus tard ils se risqueront à chanter pour nous de douces complaintes, à esquisser quelques pas de danse.

Les arbres se tordent ou se dressent, gainés jusqu'au faîte de mousses, entre vert, ocre orange et brun de terre. D'autres mousses pendent comme des paquets d'étoupe, des mèches accrochées aux branches encore ruisselantes des dernières averses, aux souches déjà amollies en éponges. Selon un double mouvement inverse, la végétation monte par les ramures et les feuilles, et s'enfouit dans une pourriture collée au chaos des pentes rocheuses.

Quelque chose de latent depuis des jours me saisit alors : le sentiment de l'énorme. La nuit est venue vite. Un noir palpable. D'un amas lointain de cumulus, vers les vallées, sourdent des éclairs. Mais au-dessus des plus hauts contreforts, — à l'Ouest, au Nord ? peut-être du côté où le massif s'épaissit, le ciel s'est libéré des nuages fondus aux brumes en suspens toute la journée, il rayonne d'une clarté rose cristalline piquée d'étoiles. Puis l'immense lueur croît, décroît, croît à nouveau comme si de l'autre côté de la montagne, elle naissait d'une source intermittente, d'une pulsation très lente. Quel événement se prépare là, quel cataclysme imminent, quelle visite d'outre-monde ?

L'aurore se répand sur la clairière givrée. La montée va reprendre au long de la piste de rocs et de glaise que coupent des ruisselets, ou sur des rondins posés à même la boue. Les rhododendrons sont ici des arbres, l'écorce soyeuse rose se détache des troncs. Il y aura encore cette étape au-delà des dernières forêts, plus nue, plus silencieuse jusqu'à ce refuge sommaire dans une sorte de cirque, de plateau incurvé que sillonne un torrent glacial. Échapper à cette humidité implacable qui transit, trouver au creux de la nuit une niche chaude où se blottir...

L'aube enfin, les tentes encroûtées de glace, la brume grise, blanche. Nous grimpons sur l'arête d'une colline, dans l'entre-lacs des buissons courts. Le pied et l'œil rivés au sol, il faut d'abord rentrer en soi pour recevoir la beauté que nous appelons depuis des jours. Épiphanie que nous retardons pour en être plus totalement bouleversés. Nous la savons là, autour de nous, au-dessus de nos têtes, en bas, qui nous baigne et nous submerge. À la pointe de la rampe qui occupe le centre du cirque de montagnes, sous les drapeaux de prières qui claquent faiblement dans l'ondée froide du vent, faire silence.

Sur une longue crête, la lumière d'or.

Elle coupe net la paroi noire dont la base s'incurve et s'évase. Quelques bâtisses, encore à cette altitude, paraissent écrasées sur les bêtes et les bergers qu'elles abritent. La piste doit sinuer de ce côté-là dans la pierraille, vers les glaciers, un lac, vers le sommet ultime et inviolable. Je l'ai vu pendant les nuits de lune, aux petits matins. Mais aujourd'hui, derrière l'enveloppe de nuages qui glissent, se superposent, fuient, se dissolvent ou épaississent, le Kenchenjunga ne paraît pas.

Je n'irai pas plus haut. Je redescends vers le plateau où la neige légère a étalé un prodigieux éventail de gris. La lumière est plus forte mais toujours voilée. Je vais retrouver les rhododendrons qui, doucement, s'égouttent.

La route, à nouveau, s'entortille à n'en plus finir dans les montagnes. Chaque mousson emporte des tronçons de la chaussée vers le fond des précipices. À une centaine de mètres en contrebas, dans une saignée abrupte de la montagne, coule une rivière rapide. Dans l'eau d'un vert laiteux, autour des rochers qu'elle enveloppe, le courant met de l'écume. Un pont suspendu, une passerelle branlante plutôt, l'enjambe. En certaines saisons le lieu est fréquenté, célèbre même pour ses sources d'eau chaude qui débouchent dans le torrent. Une odeur sulfureuse flotte dans l'air. Des papillons voltigent partout. Des petits jaune citron. D'autres combinent le brun et le turquoise. Les noirs sont grands comme des oiseaux.

Sur une rive, quelques cabanes à toit de chaume semblent abandonnées. En face, au centre d'un terre-plein un peu surélevé, un petit monastère précédé d'un stûpa blanc. Une rangée de moulins à prière aux couleurs vives en fait le tour. Des pigeons viennent se poser sur le toit rouillé. Deux moines descendent vers le trou d'eau chaude et ne reparaîtront que des heures plus tard. Puis arrivent un vieil homme presque infirme, une femme portant le tablier tibétain, un Népalais avec sa toque conique. À tour de rôle ils vont « prendre les eaux », dans ce creux maternel protégé du courant glacial, mais la lenteur de leurs gestes, le rituel qu'ils accomplissent avec minutie font du bain un acte religieux. Ici comme en d'innombrables endroits de ce pays, s'opère la communion des éléments, et l'homme se situe à leur jonction : l'eau du torrent et des sources, l'air qui agite les drapeaux sur les mâts, le feu des chandelles que le soir des mains pieuses allumeront. Et la terre en ses entrailles.

Le petit édifice carré du monastère s'adosse presque au flanc du ravin. Parmi les hautes végétations s'ouvre une entrée basse. Sur le linteau est gravé le mantra « om mani padmé hum », partout répété sur d'autres pierres plates, sur des galets, sur les rouleaux des moulins, sur les toiles qui pendent aux mâts : il faut que toujours, en tout lieu, soit inscrite, lue ou prononcée la phrase sacrée. Je me baisse pour entrer dans un étroit couloir naturel du rocher. Il s'évase verticalement en une cheminée qu'a envahie un arbre feuillu. Des chauves-souris fendent l'air qui est déjà celui du crépuscule. Sous la paroi une deuxième loge s'enfonce. Dans le sable qui la tapisse, une coupe où la cire a séché, des pétales jaunes répandus. Une clochette pend de la voûte. Le silence est total, humide. Il fait de plus en plus sombre. Ce silence et ce noir imprègnent tout. Ils m'aspirent.

On rapporte qu'il y a plus de mille ans, en chemin vers le Tibet où il allait porter la parole de Bouddha, Padmasambhava s'est arrêté dans cette grotte. Il a vu soudain un cobra se dresser devant lui. Par la force du mantra qu'il a alors prononcé le sage a transformé le reptile en pierre. Mais depuis, dit-on, un cobra continue d'habiter la grotte sacrée. Sans doute est-il là, lové dans un repli ténébreux de la falaise, près de moi.

Après d'autres virages, des lacets, des boucles sans nombre, les derniers contreforts des montagnes sont derrière nous. La route se redresse, toute blanche (j'avais oublié au Sikkim ce qu'est un plan ou une droite...). Elle traverse une forêt aérée qui pourrait être n'importe où en Europe. De chaque côté, des mares ou des étangs ou des marécages, des vaches blanches, des buffles noirs aux cornes plates couchées vers l'arrière comme si ces animaux ne pouvaient jamais abaisser les naseaux. La vaste plaine du Bengale s'étend sous la chaleur maintenant torride.

Puis nous entrons d'un coup au cœur d'un grouillement. Nous sommes déjà venus ici mais c'est comme si nous voyions le village pour la première fois. Humains, véhicules, animaux se resserrent, appelés par une irrésistible force d'agglutination. Le pays semble ainsi fait d'un espace à texture fluctuante, tour à tour et dans une inépuisable succession, lâche et d'une extrême concentration. Immenses étendues où se perdent les huttes, les chemins, les traces habitées — et points où les hommes ont voulu se fixer, coller au sol en nombre toujours croissant mais où la place ferait bientôt défaut. Plus exactement, l'espace semble ici traversé de canaux invisibles par lesquels circule un courant magnétique qui commande à son occupation, avec des nœuds, des foyers qui concentrent les hommes, et des surfaces d'intensité moindre qui en permettent la dispersion. Entre l'espace physique et le corps humain, une « analogie » s'entrevoit, mais ce terme est manifestement insuffisant, voire trompeur. La tradition hindoue enseigne — et l'Occident commence à l'admettre — que la force vitale circule en nous par des conduits et qu'elle se concentre en des foyers d'où elle se diffuse. Je constate, ou plutôt je touche par tous mes sens cette évidence : le peuplement, l'activité, la raison d'être des humains, et le monde où ils font leur place sont régis par d'identiques rythmes, ou lois : contraction et dilatation, fixation et diffusion, ralentissement et accélération.

Soudain me saisit un vertige d'images, celles de maintenant, ou d'autres fois. Le même peut-être, inépuisable. Cabanes, toits de tôle rouillée, boutiques minuscules, ordures, tas de fruits,

de légumes, ferrailles. Enfants aux pieds nus qui se poursuivent, se tiraillent. Une jeune mère, son bébé dans une écharpe
nouée sur la hanche, tend la main avec le visage le plus
pitoyable qu'elle peut composer. Sur les fronts des grains de
riz, des paillettes collés dans une pâte rouge. À l'aile du nez
des femmes, un petit bijou rond ou un anneau. Droit et lent
comme un prince, un grand vieillard vêtu de blanc passe, la
main tenant comme des balances un mobile oscillant d'ails. Des
klaxons impérieux, des moteurs, des nuages puants d'essence
brûlée. Au milieu de la chaussée une chevrette que contourne
le trafic. Près d'un tuyau qui sort d'un mur, des femmes à la
lessive. Un antre noir de terre, de fumée, de cambouis, un ga-
rage. Des marteaux sur la tôle. Des rickshaws comme des haridelles fourbues. Un camion tonitruant avec des guirlandes, des
hommes qui hurlent, un dieu en carton-pâte avec des bras en
étoile. Au bord du chemin un devin dépose une pincée de poudre
blanche dans la paume du client. Un cul-de-jatte se traîne sur
les mains, il se retourne soudain : rictus dans un visage comme
du vieux cuir plissé, mâchoires édentées, yeux hagards. Ailleurs
peut-être, sous des bougainvilliers, des femmes marchent lentement, des cruches en équilibre sur leur tête. Derrière des barreaux tourne le tigre, dans l'obscurité ses yeux phosphorescents
s'allument puis s'éteignent. Le regard d'un sadhu hirsute et
presque nu a croisé le mien, une flèche, une fraction de seconde.
D'immenses toiles d'araignées tendent des filets entre les arbres.
Les montagnes lointaines sont perdues dans la brume comme
une promesse toujours dérobée. Sur une petite saillie de rocher,
parmi des fleurs effeuillées, une bougie, flamme vacillante puis
à nouveau droite, patiente, éternelle.

C'était à Darjeeling ou à Saliguri, à Kalimpong ou à
Gangtok, qui vibrent comme des gongs dans la mémoire.

Au loin, tout près, dans les ruelles et les cours, partout dans la capitale retrouvée, de violentes détonations. L'étranger croirait presque à un état de siège mais ce n'est qu'une festivité. Le Nouvel An arrive en pétards, en fusées qui s'épanouissent dans le ciel nocturne ou y font long feu. Les rues se vident, la plupart des magasins ont fermé leurs grilles sous les galeries qui encerclent l'immense parc central. Partout aussi ont été déposés des petits lampions, sur les trottoirs, au pied des murs, dans les escaliers qui conduisent aux restaurants et où veille un garde armé. Un mendiant s'agenouille devant un morceau de bougie sur le sol parmi les papiers, les épluchures, la poussière encroûtée, — qu'a-t-il à célébrer, à espérer ? La ville entière s'est couronnée d'œillets jaunes, partout entassés, tressés, suspendus, brandis. Elle s'est muée en petites flammes, sans nombre comme les habitants. Chacun y affirme pour une heure ou deux son existence, un bref élan de vie. Ou quelque chose de plus peut-être, et qui ne peut se dire autrement.

Avant l'aube le silence est total. Au long des avenues désertes, quelques phares paraissent dans la brume cotonneuse où l'on cherche en vain un peu d'air respirable. À un large carrefour, un homme en haillons est accroupi au milieu de la chaussée. Les camions massifs, les triporteurs, les rickshaws sont rangés sur les trottoirs devant les façades pisseuses barbouillées d'immenses réclames. Des chiens errent. Des guirlandes d'ampoules vives éclairent soudain un petit temple, à moins que ce ne soit des officines. À nouveau les rues vides où traînent des détritus. Le brouillard gris. La ville s'est éloignée le temps d'une nuit. En suspens. Elle demeure derrière moi, escamotée, annulée, comme un songe.

# INDE, POST-SCRIPTUM

Au retour de l'Inde j'ai constaté ma difficulté à écrire sur ce voyage. Je pouvais incriminer l'insuffisance de mon vocabulaire, l'indolence ou la pauvreté de ma plume quand elle se risque en certains domaines. Spécialement lorsqu'elle tente de mettre en mots une réalité extérieure, c'est-à-dire quand elle s'exerce, ou se contraint à se faire « réaliste », à transformer le monde en pur spectacle, les êtres en étrangers. Ou lorsqu'elle s'en tient à l'analyse. Il n'en a certes pas été toujours ainsi mais mon écriture s'est sans doute faite docile au mouvement, à l'ajustement intérieur qui au cours des années m'a rapproché de moi-même.

En l'occurrence il y a plus. D'abord le sentiment d'avoir été plongé dans un univers que l'intensité et la violence qu'il manifeste, dans sa substance comme dans sa dynamique, rendent proprement irréel. D'où l'incapacité à établir avec ce monde un rapport viable. Son grouillement sans fin invalide les références connues et communes, il rend inutiles les balises habituelles. Les mots, certes, se pressent, chargés de négatif ou de superlatif, mais comme pour faire oublier sous leur accumulation leur défaillance — et celle de l'esprit dans son effort.

Ce pays offre trop pour nos forces. Considéré à l'échelle de ce qu'il est, un continent ou, pour les géographes, un sous-continent, nul regard ne peut l'embrasser. Vu en petit, dans le microcosme d'un village, d'une rue, d'une boutique, nul regard ne semble pouvoir l'épuiser. Il ne peut en dresser ni perspective cavalière ni inventaire, — et ce que disent ou écrivent les témoins qui ont longtemps vécu là ne paraît pas beaucoup changer l'impression du voyageur qui ne fait que passer. Mais ce terme de regard est lui-même insuffisant. Il faudrait y faire entrer les données des sens, les émotions, les ressources de l'intellect et l'âme : le constituer en « moi » tout entier. En même temps donc que ce pays attire le « moi » comme pour l'absorber et le nourrir, ou le dissoudre, il le repousse.

Par où commencer pour en parler, avec l'espoir problématique de ne pas demeurer trop infidèle à ce qu'on en reçoit ? Espoir qui recouvre mal le doute de jamais cesser de lui être étranger. Quelle prise le langage peut-il offrir ? Il veut un ordre, un système cohérent, intelligible. Il exige une structure, au moins minimale. Mais devant une substance innombrable, mouvante, qui se dérobe pour sans cesse s'engendrer, qui coule et pourtant s'épaissit et se coagule pour à nouveau se défaire, le langage s'épuise à fixer des traits, des événements, à énoncer des catégories, à sérier, à donner des équivalences, à dessiner des contours, à ouvrir, tracer, mettre en place. Quand je commence par une sage remémoration chronologique, le discours se tord, se cabre comme la mémoire même. Il est vain de vouloir le tenir en laisse et de le garder dans ses traces, ou ses ornières accoutumées. Quelque chose en moi proteste : ce n'est pas cela, ce n'est pas cela ! Les phrases se fracturent, la description s'émiette, les mots se juxtaposent dans l'arbitraire. Ils voudraient jaillir comme des jets de couleurs, fuser comme des notes de musique ou des bruits, dire les saveurs, les senteurs, les textures, les lumières, dire les nuances de l'humeur, de l'émotion du voyageur, la chaîne fulgurante de ses associations : le multiple et l'instantané.

Inadéquation des moyens ou stérilité de l'entreprise ? Il me semble toucher là un nœud de l'écriture (ou un fond, ou une faille ?), dans sa naissance à la jonction de ce qui pénètre en moi et de ce qui en sourd. Devant un prodigieux paysage, ou saisi par une peur, une joie, une colère, par la présence du sacré, on demeure sans voix. Réduit au silence, en suspens, la respiration provisoirement coupée comme par l'effet d'un coup au creux de la poitrine. J'ai reçu de l'Inde quelque chose de cet ordre-là. Au sens propre elle *désarme* : elle nous prive de notre armure et de nos armes. Peut-être est-ce là l'essentiel, qui me parvient sous cet angle. En frappant d'impuissance la tentative d'écriture (ou du moins en la décapant), elle fait basculer toute la position qui la sous-tend.

Les limites du langage accusées, les sources de l'écriture troublées, la possibilité d'exprimer remise en cause : je ne crois pas que ma seule personne soit en jeu dans cette déroute (au moins temporaire, car il y aura un prévisible « retour à la normale »...). L'Inde me fait aborder en cet au-delà de la parole — vers lequel mènent aussi d'autres routes. Le face à face avec ce pays, ou avec, bien sûr, l'Afrique, opère un renversement, comme peuvent le faire un cataclysme, un deuil, un exil, une souffrance dans la chair et le cœur, un amour, le passage à des niveaux supérieurs de conscience, l'illumination mystique. Notre fragilité mise à vif, des fonds soudain ouverts, une expansion virtuelle sans limites dans nos espaces intérieurs, un éclatement du moi qui ne peut plus se contenter de filtrer, d'ordonner pour comprendre, tenir les rênes : la « leçon » de l'Inde peut-être.

Mais alors que faire ? Il faudrait un langage à la démesure des foules, des plaines, des fleuves, des montagnes, des mythes, des dieux et des cosmogonies de ce pays. Il faudrait s'exposer à nu, s'abandonner, faire le saut...

## LUMIÈRE NOIRE

Des nuées d'orage s'étagent en lourdes architectures. Dans une déchirure au ras du sol, les méandres d'un fleuve sur lesquels se raccordent deux affluents. Du gris presque noir, du vert foncé et cette eau flambante comme une coulée de métal. Cela s'ouvre, se déroule, se referme, au ralenti, colossale masse où se fondent les éléments, mobile, imprévisible. Le continent inconnu est là, sous moi, autour de moi déjà, comme un drame auquel on ne peut échapper, qui entraîne ses personnages dans d'irrésistibles remous. Mais peut-être n'y a-t-il pas d'autres personnages que ces nuées, ces forêts, ce fleuve, cet orage, de toute éternité.

Une route nocturne bordée d'énormes enseignes, annonces de cigarettes, d'automobiles, de banques, d'industries, des entrepôts, un vaste stade, des lumières. Le drame semble reporté. Je ne me sens pas saisi, comme en Inde, par la puissance tassée, compacte, immédiatement oppressante d'une foule, d'un continent. Sur le ciel un peu plus clair, des silhouettes d'arbres en parasol aplati : il manque encore la savane et les éléphants pour que les images familières soient au rendez-vous.

À Nairobi, ville composite et violente, l'herbe est grise, le ciel couvert, les arbres pauvres. Des avenues de métropole fendent des murs lépreux, des rangées de magasins et d'hôtels prétentieux. Les marchés étalent dans la poussière les fruits, les légumes, un bric-à-brac de verroteries colorées, des masques. Des femmes noires y règnent avec leurs jupes rouges, bleues, jaunes, des grappes d'hommes noirs s'agglutinent autour des visiteurs blancs. À deux pas, dans le rutilement de leurs miroirs neufs, d'autres hôtels, des banques. L'Afrique se donne ici par les oripeaux de l'Occident.

En ce dimanche matin, de chaque côté de la route qui s'élève entre des talus de latérite sang de bœuf, des hommes en chemise blanche marchent lentement, montent des vélos, des femmes aux corsages éclatants marchent aussi. Ou ils attendent. D'autres sont en haillons. Une petite communauté chante avec entrain des cantiques. Partout, dans tous les villages, sur le bord des routes, des pistes, devant des cabanes, des enclos avec des vaches ou des chèvres, des hommes, des femmes marchent, les bras ballants, ou avec un bidon, un ballot ficelé sur la tête. Ou bien ils attendent, debout, ou à demi allongés dans l'herbe, tout près des détritus qui volent à tout vent. Il est difficile de nommer leur occupation. À plus tard mes questions — il y a dans le moment tant à découvrir.

Et cependant, je ne peux longtemps m'y soustraire. Peut-on ainsi passer des jours sans rien faire ? Mais qu'est-ce qui pourrait ici se faire ? Quelques hommes piochent et entassent des pierres pour combler un trou, mais serait-ce si grave si ce trou restait ouvert ? Deux gardiens en uniforme — qui semble d'emprunt — lèvent et abaissent une barrière, mais que commande-t-elle ? Combien de gestes, d'actes paraissent ici frappés d'inanité, proprement absurdes. Dérisoires, ironiques caricatures de ce que nous faisons dans nos pays, de ce que nous sommes. Au-delà des exigences de la nourriture et de l'abri, qu'y a-t-il qui nous requière impérativement ? Le temps est-il si précieux, l'argent, le pouvoir si désirables ? Et cependant je sais bien que certains de ces hommes sont possédés de ces violentes convoitises, qu'ils bâtissent fortunes et empires à leur propre gloire, au mépris des autres. Mais le spectacle commun est celui de cette activité nonchalante, de cette immobilité, de cette attente peut-être sans objet.

Est-ce bien d'ailleurs une attente ? Un rapport au temps se manifeste ici qui paraît exclure la prévision, le calcul, le projet : demeurer allongé à l'ombre d'un acacia, suivre les déplacements d'un troupeau de vaches à la recherche d'une herbe rare ou, comme cette toute jeune mère enveloppée d'une mince étoffe, rester assise, frissonnante dans une bruine matinale jusqu'à ce que le mari en ait autrement décidé. Non seulement notre notion de *réalisation* dont nous faisons si grand cas pour notre personne ou notre société, ne semble pas avoir cours ici mais, tout uniment, il n'y a peut-être *rien* à faire. Impression épidermique ou perception d'une réalité plus profonde ? Je ne sais, mais quelque chose en moi est touché : besoin de silence, nécessité du non-agir et, simultanément, des résistances, un activisme, le projet d'une œuvre à accomplir, quelle qu'elle soit. Ces Noirs sont-ils adaptés à une géographie, un climat, un état social millénaire, accoutumés à infiniment moins que nous, à un dénuement qui nous est intolérable misère ? Sont-ils dégagés de la pression et de la passion de *faire*, en sont-ils par là plus proches de l'*être* ? Je me demande, alors que les heures et les jours coulent immuablement, si le désir même du changement est éveillé en eux. À un niveau plus viscéral encore, sont-ils pris dans cette peur du vide qui déclenche en nous la panique, cette peur qui nous fait croire que dans le non-agir nous allons nous dissoudre dans le non-être, et qui nous fait emplir nos existences d'objets, de gestes, de mots, de bruits, de vent, dans un vertige qui — objet ultime — nous prive de l'usage de nos sens et de notre conscience ? Qu'est-ce donc que vivre ?

Devant cette activité si réduite qu'elle est parfois à peine perceptible, je ne me satisfais pas d'invoquer le climat, l'économie, la tradition, la race, l'histoire ou que sais-je encore. Qu'est en réalité ce repos que je vois dans ces attitudes abandonnées, ces marches lentes, ces visages calmes : ces êtres ont-ils gardé l'accès à des forces psychiques que nous ne savons plus toucher et que nous ne redécouvrons que lorsqu'elles nous assaillent durement ? La perception d'autres rapports, plus vitaux avec le sol, les éléments, les animaux, les plantes, les autres humains, avec un ordre de l'univers ? Ou bien est-ce indifférence, opacité, enfoncement tenace et durable dans la torpeur de l'inconscient ?

À un tournant de la route, une vaste dépression se creuse et se relève vers l'autre lointain versant : la vallée du Rift, la faille qui ouvre en croissant, du nord au sud, l'Afrique. Des antilopes, des zèbres, des girafes y paissent herbages et taillis, et aussi des vaches bossues, des chèvres, ailleurs des dromadaires. Pas de cloison entre l'animal sauvage et le domestique, de sorte qu'on ne peut dire qui occupe le territoire de l'autre, ni même si l'on peut encore parler de territoire, mais plutôt d'un espace continu, sans couture, immense, voire illimité, toujours modulé sur une vaste échelle. Au cours de mon périple vers tous les points cardinaux, je découvre une extraordinaire variété, une unique concentration de reliefs et de climats comme si le continent, voire la planète, avait choisi de se résumer là. Plaines à perte de vue couvertes de savanes, qui deviennent arbustives, s'élèvent en plateaux où poussent des conifères, redescendent par paliers ou par précipices, au front des coulées de lave, vers la terre rouge ou ocre, vers les caillloutis semés d'épineux, les rochers éclatés ou dans l'abrupt d'un jet vertical, chaos noirs lunaires, calcinés, fissures béantes en zigzag dans le lit des ruisseaux, euphorbes comme des candélabres buissonnants, acacias partout, en éventails, en boules, en ombelles, figuiers de barbarie et cactus, palmiers frêles à la ligne d'horizon sur les lointains bleus, touffes jaunes sur le sable, le sable, le sable encore, qui fait si ardemment désirer le vert, et la poussière qui cache le ciel.

Des cases rondes ou carrées, de la boue sèche, de la tôle rouillée, des planches disjointes, des villages de cabanes bancales, des piquets de guingois, des panneaux bariolés qui annoncent « hôtel », « butchery », « Coca-Cola », « embassy », des inscriptions indéchiffrables en swahili. Une volée de fillettes en uniforme bleu marine autour d'un hangar-école. Des stations-service où pétaradent des camions. Et ces églises toutes neuves en dur, au clocher à claire-voie, qui affichent toutes les confessions possibles dans leurs variétés africaines, au milieu d'un désert... Là-bas, au fond de l'immense auge du Rift, une antenne parabolique blanche. Parmi un bouquet d'arbres de la savane, la roue d'une éolienne, ou peut-être une haute cheminée dans la plaine de sable. Tout cela, dirait-on, vient d'être installé, ou plutôt posé. Cela a si peu de rayonnement, de force d'attraction, de probabilité, de raison d'être ! C'est d'une présence tellement incongrue qu'elle ne peut dissiper l'impression qui se renforce chaque jour : cette Afrique s'offre comme un immense campement, et les humains, qui y sont peut-être apparus avant toute autre région de la terre, ne paraissent que de provisoires occupants.

Ils n'ont pas laissé les empreintes et les repères que nous cherchons ailleurs pour nous retrouver — et nous rassurer — : un monument, un château, un temple, une construction qui permettrait d'apprécier des distances, d'évaluer une durée. Mesurer en kilomètres perd presque toute signification, parler d'un parcours en termes d'heures en a à peine plus. Nous arriverons là dans l'après-midi, ou ce soir. Si le ciel, si la route le permettent. Nous pourrons trouver un flot de véhicules bloqué par un camion qui a rompu ses essieux. Au crépuscule, nous resterons englués dans une ornière que les derniers orages ont emplie. Nous patinerons longuement dans le sable surchauffé des dunes. Il faut compter sur nos propres ressources ou attendre une aide. Et elle vient : une jeep surgie de nulle part nous hale, nous ramassons des branches sèches qui donnent une prise aux roues. Il suffit d'attendre que la personne ou l'événement se présente. Comme le savent cette femme avec son bébé endormi, cet homme qui porte son chevreau au village, ce vieillard malade qui marche avec peine : nous les prenons à bord pour qu'ils regagnent leurs huttes ou parviennent au village. La pluie menace, elle nous atteindra peut-être avant que nous gagnions un abri — mais le soleil nous séchera. De quoi nous mettre en peine ?

Dans ces espaces au-delà de toute mesure et qui annulent le désir de les mesurer, je redécouvre la possibilité, plus : la nécessité de l'abandon. C'est-à-dire de la confiance, devant ce qui est un obstacle, au sein d'un danger. Je sens que je peux accepter ce pays, ce continent, ces cases de glaise et ces garages trop neufs, hier et aujourd'hui, l'immobilité et la mouvance, les longues aiguilles acérées de l'acacia et l'antilope qui détale, les oiseaux rutilants et les scorpions sous la pierre, les villages misérables et la gloire de la lumière sur les savanes. Accepter qu'il y ait des prédateurs et des proies, l'informe et la suprême élégance, en une chaîne illimitée.

Et voilà qu'une prodigieuse beauté me saisit. La savane, les arbres, les plateaux, les collines, les rochers, les montagnes, les animaux, les nuages, la pluie, le soleil, les étoiles... Tout est là, complet et nécessaire. D'énormes orages montent à l'horizon dans un déchaînement de masses sombres et d'éclairs. Ailleurs, le ciel est paisible, habité de petits nuages blancs, insoucieux de ce qui se prépare. Les traits obliques de la pluie strient des collines, là-bas, alors que le soleil inonde ces autres reliefs. Tout cela bouge, se pénètre et s'échange, et il ne semble pas qu'il puisse exister autre chose sur la planète : ce « drame » l'emplit tout entière.

Le ciel s'étend sur la terre et sur les animaux, dans leur errance perpétuelle — et cependant réglée. Quand la sécheresse aura jauni les plaines d'herbes, commencera le grand exode des troupeaux. Par centaines de milliers les gnous iront vers le sud. Un martèlement soudain, innombrable, ébranle le sol : une harde qui passe à un jet de pierre, comme pour une répétition dans la fièvre avant la grande migration. Ailleurs, ils continuent de brouter, mêlés aux zèbres aux croupes rebondies, aux antilopes qui agitent un petit bout de queue blanc. Ils paraissent très vieux avec leurs barbes pendantes et leurs flancs maigres. Parfois l'un d'eux part au galop, pour une charge ou une fuite, comme une soudaine panique ou une folie qui retombe vite. Un mâle est couché, tout seul dans une savane vide, attendant les femelles ou prêt à défendre son territoire contre d'imaginaires rivaux. Je me remémore ces noms étranges lus il y a si longtemps : oryx, koudou, topi, gérénuk ; j'apprends à distinguer les gazelles au crêpe noir qui barre la cuisse. La girafe règne parmi les arbres et les arbustes, tête effilée, démarche patiente, précautionneuse, précieuse. En partage avec l'éléphant qui casse les branches, arrache les écorces, renverse les arbres, maintenant couchés en longues rangées comme si une tornade les avait abattus. Il émerge des marais, luisant de glaise brune jusqu'au ventre, ses oreilles ourlées de déchirures l'éventent (voilà qu'elles suscitent l'image — ô combien saugrenue ! — d'un énorme papillon qui prend son vol). Il avance, il s'arrête, il se tient sous un acacia parasol, comme s'il condensait en sa masse immobile tout le silence de ces immensités.

De quoi la nuit sera-t-elle faite ? Des bruits naissent, que je ne peux identifier, à des distances que je ne peux évaluer. Des galops partent, cessent, repartent ailleurs. Des cris, des aboiements, qui sont peut-être des hyènes. Mais pas d'erreur possible : un rugissement s'étire à n'en plus finir, se casse. Et il reprend, on dirait qu'il s'est rapproché...

La lourde pluie de la veille a cessé, les étoiles brillent dans tout leur éclat. Près de la Voie lactée je repère la Croix du Sud, et un astre brillant — peut-être Jupiter ? — qui m'accompagnait depuis tant de nuits dans l'autre hémisphère. Combien d'heures a duré la nuit ? Des oiseaux commencent à chanter dans des langues inconnues, mais des cou-cou-rou familiers de tourterelles se multiplient. Un couple d'ibis vole d'un arbre à un autre. La lueur rosée grandit et envahit l'Orient.

La nuit a laissé ses marques dans la savane. Là, une carcasse béante et sanglante, abandonnée par les lions repus et les hyènes. Les vautours atterrissent, dansent, les ailes écartées, se pourchassent, introduisent leur cou tors dans les orifices du gnou dépecé. Hideux, grotesques, répugnants ? Ces mots peuvent-ils encore avoir cours ici ? Près d'un buisson un guépard, tête dressée, fait le guet ; son petit s'exerce à enfoncer ses crocs dans la gorge de l'antilope abattue. Le sang, la mort.

J'ai d'abord absorbé ces paysages comme un alcool fort. Ils portent en vagues inépuisables vers d'autres horizons plus lointains. Ils ne peuvent avoir de limites, de fin. Ces espaces originels, que je croyais livrés au hasard, ont dans leur démesure une rigoureuse organisation. La vie y a des lois que j'apprends à percevoir : dépendances des plantes, hiérarchie des prédateurs, tactiques de chasse, voisinages et contrats entre les espèces, répartition de la nourriture, distribution des rôles dans les couples et les clans, solitude et grégarisme, survie assurée par la supériorité de l'individu ou pertes compensées par le nombre. Peu à peu je distingue la notion de territoire. Le lion, partout chez lui, se déplace d'une nuit à l'autre, selon le mouvement de ses proies. L'éléphant, toujours en quête d'herbe et de feuilles, se guide sur la végétation, mais il a ses passages favoris, les gués qu'il traverse la nuit. Une troupe d'hyènes campe sur le pourtour d'un étang dont elle commande ainsi l'accès. L'irascible buffle tolère jusque sur ses cornes des oiseaux blancs à l'affût des insectes. Et voici devant les pattes d'un rhinocéros qui broute, énorme cuirasse soufflée, bourrelée, rugueuse de boue sèche, un autre oiseau au plumage d'un rutilant bleu métallique. Un petit échassier fait le guet devant une flaque d'eau. Le marécage entier appartient aux hippopotames dont les mufles huileux émergent un instant avant de replonger. Et les crocodiles, disent les indigènes, reparaissent parfois sur des rives où on ne les redoutait plus.

Ce monde animal semble infiniment lent, d'une inépuisable patience, et toute l'énergie qu'il dépense à se nourrir prend des allures d'extrême paresse. Cependant j'ai vu les galops du gnou, les démarrages de la gazelle à l'orée d'un bosquet, les hauts bonds sur place d'une antilope : ils démontrent leur force à un rival ou à un fauve pour l'instant invisible. La proie que le félin a isolée ne se sauvera que si elle le surpasse en vitesse, en endurance, que si elle le déjoue par de brusques crochets. Peu à peu j'apprends les heures et les humeurs, les chasses, les repos, les stratégies, les siestes pesantes du lion, la rumination hébétée du buffle. Entre l'inertie qui prend l'aspect du rocher ou du tronc d'arbre et le paroxysme de l'effort, chaque animal trouve son rythme. Des heures et des heures de calme plat, — mais l'oreille et le museau ne veillent-ils pas en permanence ? —, et quelques minutes, quelques secondes de course éperdue où se décident la vie et la mort.

Au loin dans cette steppe rase, un petit point rouge, une silhouette drapée sur de longues jambes noires. J'avais presque oublié qu'il pût y avoir là des hommes. Celui-ci se tient à distance, quelque part près d'un troupeau de vaches, il le suit. D'autres silhouettes rouges se laissent approcher. Ces hommes, parfois encore des adolescents ou des enfants, portent sous le bras une sorte de massue, un manche terminée par une boule, et aussi une lance. Ces Maasaï, qui furent longtemps de redoutés guerriers, défendent maintenant leurs troupeaux, contre les voleurs ou contre les lions. Une haie épaisse de branches d'acacias encercle l'enclos qui abrite le bétail la nuit et une dizaine de cases : des piquets maintiennent des murs de terre durcie sur lesquels repose un toit fait également de terre ou de bouse séchée. De grandes étoffes rouges ou jaunes sont étalées sur des buissons, quelques bidons traînent sur le sol. Le chef du village, presque aveugle, nous reçoit solennellement, la main tendue. Ses fils et ses petits-fils nous observent avec une curiosité discrète — ou est-ce indifférence ? Les femmes se sont mises en rang comme pour une revue, elles proposent des colliers, des bracelets de minuscules perles de verre multicolores patiemment enfilées. Elles rient, discutent avec énergie. Le Blanc qui arrive avec ses appareils et qui n'en finit plus de photographier est reçu, ou toléré comme un importun nécessaire, il a de l'argent... Mais à la nuit tombée un groupe de jeunes hommes, les « maranes », vient danser pour nous, élancés, nerveux, sans un soupçon de graisse. Dans la lueur des lampes à kérosène qui font briller leurs torses et leurs crânes rasés, ils poussent des cris rauques et bondissent : cela doit parler de chasse, de lions et de femmes, et sans doute de guerre, comme autrefois, comme il y a des siècles. Ils se sont accoutumés à ces visiteurs pâles dans leurs véhicules, mais qu'est-il de changé pour eux ? Ils continuent — et les femmes aussi — de pratiquer des rites qui nous paraissent d'une cruauté inhumaine : circoncision, scarifications sur les cuisses et le thorax, perforation des oreilles, qui correspondent pour le jeune être à autant d'étapes. Les âges de la vie sont inscrits dans sa chair. Dans ces épreuves il ne lui faut pas montrer le moindre tressaillement de douleur ni le moindre signe de peur. L'idéal masculin à accomplir doit être de ne reculer devant rien. Sans doute est-ce cette éducation qui donne à ces hommes leur présence calme, ce silence, cette force assurée qui n'a pas besoin de se manifester.

Leur légende fait de ces Maasaï un spectacle attendu, et on souhaiterait les voir affronter les lions, pour qu'ils répondent plus fidèlement aux images, pour que soit préservée l'étrangeté exotique ! Mais elle vient d'ailleurs, à l'improviste. Au bord de la route où nous nous arrêtons pour acheter du charbon de bois, des jeunes filles parées de multiples colliers, les épaules luisantes d'ocre, s'assemblent, rient, entre crainte, curiosité et moquerie. Une vieille édentée intervient, précédant le patriarche appuyé sur son bâton. La chaleur devient accablante sur ces plaines de sable où pâlissent les arbres à fièvre, ces acacias à tronc jaune. Notre groupe se précipite à la vue d'une termitière haute comme un monument. Des adolescents approchent et nous interpellent sans aménité : les Blancs, ces intrus, n'ont-ils d'autre souci que de fixer le monde sur des petits cartons ? Ne savons-nous donc que transformer la vie en collection d'images ?

Un gros village, le dernier peut-être vers le nord, est disséminé au pied de buttes de lave noires tordues et cassées, qui ont quelque chose de mauvais, de maléfique : ce pays paraît se décomposer. Il se répand maintenant en sable durci, piqueté de touffes d'herbe grisâtre. Quelques dromadaires l'arpentent, avec leur gardien décharné qui porte un turban. Ils passent, lentement, comme un rêve décoloré. La piste sinue dans le sable devenu meuble, mais comment la repérer ? Elle monte insensiblement à flanc de colline, parvient enfin à une crête. En bas, un lac à perte de vue. Le soleil y joue en bleu outremer, en turquoise, sur des hauts fonds presque noirs, autour de deux îles qui rompent à peine l'immense horizontale. La chaleur écrase.

Au pied d'une falaise qui s'effrite, il y a une source d'eau minérale chaude, dans des palmiers autour des bâtiments abandonnés qui furent des « lodges » : quelques touristes viennent deux ou trois fois l'an s'égarer dans les sables jusqu'aux rives de ce lac Turkana. À l'ombre, des grappes d'hommes poursuivent de languissantes palabres. Ce pays n'est-il donc que torpeur et indifférence ? Cependant des hommes, les mêmes peut-être, ou les plus jeunes, danseront au soir, pour nous d'abord, mais vite ils nous oublieront, tout à leur gesticulation avec leurs lances et leurs parures de plumes. Les adolescents miment à violents coups de hanche des combats de coqs et des parades autour des filles qui se dérobent. Les femmes improvisent un marché et se disputent vigoureusement les acheteurs. Et un matin, les enfants interrompent leurs ébats au bord du lac, ils nous entourent, nous prennent par la main. Ils nous emmènent voir, là-haut, plus loin que la falaise, dans les dunes où la chaleur frappe à coups de massue, un hangar avec des bancs, un tableau noir, et un autre hangar où traînent quelques cuvettes rouillées et des affiches décollées : des malades y viennent parfois. Il y a donc un village. École, dispensaire, maison, village, on hésite à employer ici ces mots — et même des guillemets les feraient à peine tolérer. Des huttes sont posées sur le sable, simples faisceaux de palmes sèches liées en ogive à leur sommet. À l'intérieur, rien — si ce n'est quelques boîtes sur une étagère. Si, cependant : une femme accroupie, si jeune, si menue à côté de son nourrisson endormi sur le sol, que l'on croirait une enfant perdue et un peu hagarde. Je suis entré aussi discrètement que possible, je risque en me tournant d'écraser des poussins. Je veux voir, sans oser regarder, mon insistance serait, il me semble, indécente.

La survie, à travers le dénuement, l'existence dans la nudité. L'humain capable de vivre à peu près partout : combien de fois ai-je entendu répéter ce truisme, mais en avais-je souvent éprouvé la validité ? Génération après génération, ces hommes et ces femmes fixés là, collés au sable. Leurs yeux rougis et brûlés par le soleil, les dents cariées par l'excès des minéraux dans la source, les mouvements qui paraissent toujours sur le point de s'arrêter. Ces rives, ce sable — qui me paraissent si proprement inhumains dans leur redoutable beauté —, les ressentent-ils comme une prison d'où ils voudraient s'échapper ? Mais ces hommes assis, couchés dans l'ombre chaude, poursuivent leurs bavardages, leur sommeil.

Sur l'autre rive du lac, des paléontologues ont trouvé dans les sédiments des restes parmi les plus anciens des précurseurs de l'homme. Il a, comme l'on sait, dès ses origines habité dans cette immense faille du Rift. On l'imagine, imperceptible présence, sans cesse menacée d'extinction et cependant invinciblement tenace. Il y a deux ou trois millions d'années, des petits groupes devaient parcourir ces savanes, approcher les antilopes, s'écarter des fauves qui y régnaient, s'épouvanter des éclairs, recevoir les pluies torrentielles, s'épuiser et mourir dans les interminables sécheresses, protéger leur feu sous une avancée de rocher ou un toit de branchages. Des hommes campés sur une terre sans limites, tour à tour errants et blottis dans une petite cellule protectrice, tout nouveaux dans cette nature, presque étrangers à elle, et cependant capables de se glisser dans son cours et de s'en nourrir. Ici l'homme ne parviendra jamais à domestiquer l'éléphant ou le buffle, il renoncera à délimiter, à diviser, à tracer des lignes sur ces espaces, à les maîtriser. Ses champs ne seront que de petites enclaves dans la savane ou la forêt ; à ses troupeaux de vaches et de chèvres se mêleront les gazelles, les girafes, les zèbres.

Les « réserves » qu'il ménagera n'auront que de théoriques frontières. En arrivant ici j'ai découvert des imitations et des contrefaçons de l'Occident. Dans ce marché du pays samburu je rencontre des élégantes en tailleur, des adolescents en jeans et à lunettes fumées, au milieu des couleurs qui éclatent comme des soleils noirs et rouges. Sur la piste, ce berger-guerrier drapé d'étoffe cramoisie, au visage strié de blanc et d'ocre, paré de perles et de plumes, avance gravement sur son vélo. Cependant hors des villes, des bourgades et de leurs alentours, rien, ou si peu, semble dérangé de cet ordre ancien, exactement inverse de celui de notre Occident. On peut le croire menacé, peu à peu repoussé, réduit, travaillé de virus étrangers : Coca-Cola est partout, Caltex, Total, Agip ont de solides têtes de pont, comme Hilton et Barclay, les plastiques sont entrés dans les cases maasaï, les camionnettes de touristes à caméras et gants blancs sillonnent les parcs, s'agglutinent auprès des animaux. Peut-être de ces mélanges surgira-t-il d'autres formes de culture, peut-être les métissages donneront-ils à l'humanité des directions, des créations dont nous n'avons pas idée ? Peut-être encore faut-il y travailler et favoriser ces émergences inouïes.

Quelques textes de Teilhard de Chardin ont accompagné mon périple. « Le monde se construit. Voilà la vérité fondamentale qu'il faut premièrement comprendre — et comprendre si bien qu'elle devienne une force habituelle et comme naturelle de nos pensées... Il y a une affaire en train dans l'univers... » Je le perçois un peu plus clairement sur ce continent : les époques s'y superposent — et les traces de la nôtre y paraissent encore des corps étrangers, sinon des scories. Le temps y coule avec plus de lenteur qu'ailleurs : il est minéral, végétal, animal plus qu'humain. Les événements — un orage, un fauve dévorant sa proie, une danse, un marchandage autour d'un étal — semblent se résorber dans un immense bassin, naître et disparaître dans une colossale digestion, ou gestation. L'événement, l'animal, l'homme n'y paraissent que des détails, des anecdotes, des oc-currences éphémères dans un mouvement dont l'origine et la fin nous échappent.

À mesure que je plongeais dans ce courant, l'Afrique m'apparaissait comme le lieu où je pouvais faire l'expérience du lâcher-prise dans la confiance, m'en remettre à... à la Providence, à Yahvé, au Père, à la Conscience universelle, au Christ cosmique ? Les tiraillements de l'ego me semblaient moins importuns, moins impérieuses ses exigences. L'arbitraire d'un calcul, d'une prévision, d'un projet me frappait, leur peu de substance — en un mot leur vanité. L'idée même d'une Histoire devient ici futile. Dans ce glissement que je ressen-tais, dans cet amenuisement de la force des valeurs reçues, je serais enclin à voir le signe — espéré, et au moins temporaire — d'un décentrage de la vision, c'est-à-dire d'une vision qui échappe aux tyranniques limitations de l'ego.

Peut-être cette brève immersion en Afrique a-t-elle donné un peu de corps à cette idée que je sens tourner dans ma vie (ou autour de laquelle je gravite), et qu'ont nourrie au fil des ans Jung et Steiner, Teilhard et Wilber, quelques autres encore. Je me soucie peu pour l'instant des divergences, voire des pos-sibles incohérences que recèlent ces vues et ces systèmes. Dans l'immédiat je crois seulement pouvoir dire que je pressens la réalité qu'ils s'efforcent de décrire. Si je crois pouvoir quelque peu la clarifier par l'intellect, l'Afrique m'a donné l'occasion de l'apprivoiser à d'autres niveaux, ceux de la sensation et de l'intuition, et peut-être, confusément, est-ce ce qui m'a engagé à ce voyage.

Et ce fut alors un souffle, un élan, un emportement. La révélation d'une beauté sans mesure. Une beauté où l'être humain est présent, qui l'inclut, mais qu'il n'a pas créée, qu'il n'a même pas colorée, ou si peu. Une beauté que je voudrais pouvoir évoquer (c'est-à-dire « faire venir, appeler ») et dont je ne peux que désigner de pâles éclats. Sur les nuées d'orage écrasant d'ombre les collines, parmi les euphorbes que fait flamber le soleil, la danse des guerriers rouges, les muscles luisants, le regard et le sourire des femmes. Au large des rives de ce lac planté de hautes herbes que les hippopotames hantent la nuit, les vagues brutales que fait lever l'averse qui approche, et l'aigle pêcheur qui dans le fil fulgurant de son vol plané vient happer un poisson... Surgissant de l'île pierreuse, refuge des scorpions et des mille-pattes enroulés comme de noires ammonites, le tronc gonflé d'un arbuste porte les minuscules fleurs de la rose du désert. Et au-delà des berges limoneuses puantes de fiente, cet autre lac qui reflète le ciel, et dans une rumeur assourdissante, l'envol des flamants roses. L'eau, les oiseaux, les nuages ouvrent au loin le paysage. Là-bas le monde devient cristallin.

Cette nuit encore un lion a rugi quelque part, les éléphants ont franchi la rivière. Les étoiles s'éteignent. Sur le ciel qui s'éclaire en rose, un arbre est figé dans la gesticulation immobile de ses branches mortes. La chaleur s'accroît sur la plaine où, çà et là, montent en colonnes des tourbillons furieux de poussière. L'aride sécheresse partout s'est installée. À distance cependant, la frange d'un cours d'eau scintille. Il n'y a rien : un mirage. Du blanc, du jaune qui continue de pâlir en grisâtre.

Les animaux ont-ils disparu, enfuis, escamotés dans le vide ? Non, les voilà parmi un marécage où ils pataugent lourdement, dans le bonheur toujours menacé de l'eau et de l'herbe.

Le sol s'élève dans le lointain, en une inflexion continue semée de points sombres qui doivent être des arbres, de plus en plus serrés alors que le regard lui aussi monte. Après les déserts il croit découvrir d'opulents pâturages, des forêts denses qui se fondent aux nuages. D'un matin, d'un soir à l'autre j'essaye de les percer, de découvrir le fabuleux sommet. Une éclaircie, à peine. Je ne me trompe pas : à travers la nuée, mélangée à elle mais cependant distincte, cette glaçure plus pâle, très haut...

Je n'en verrai pas plus. Le Kilimandjaro ne s'est pas offert dans sa gloire. Il me faut repartir. L'Afrique est demeurée voilée.

Je me demande parfois : pourquoi tant de kilomètres et de paysages parcourus, de sites visités et bientôt emportés, comme par la course d'un train ? Pourquoi tant de livres lus dont j'ai oublié jusqu'au titre, de tableaux contemplés, de musique entendue ? Faut-il encore en ajouter ? Tout ce savoir que j'ai voulu rassembler et contenir me glisse entre les doigts. Me suis-je donc égaré en ces efforts ? Ces veilles, ces heures n'auraient-elles pu être employées d'autre façon ? N'est-ce là que gavage culturel, énorme gaspillage, pire peut-être : entraînement dans un vertige centrifuge pour échapper à l'angoisse du vide et de la mort ? Et aussi tant de conversations, de mots prononcés ou écrits, de visages cherchés, de rencontres, de démarches, de va-et-vient, de bruit, de gestes... Ces expériences s'annulent-elles donc à mesure qu'elles se succèdent ? « Tout le malheur des hommes vient d'une seule chose, qui est de ne savoir pas demeurer en repos dans une chambre ». Faut-il donc tirer de Pascal un impératif catégorique : restons chez nous ?

En même temps, une autre voix intime se fait entendre, pour m'apaiser, me convaincre — ou me justifier ? Puisque notre mémoire ramène au jour ce que nous pensions à jamais perdu, des archives ne se constituent-elles pas en nous, à notre insu, infiniment plus riches que nous pouvons le supposer ? Des ésotéristes, des clairvoyants prétendent — et cela est infiniment troublant — que *rien* de ce que les hommes ont vécu en leur histoire collective n'est aboli, demeurant donc disponible à qui peut y avoir accès, et que ces innombrables événements conditionnent chacun et tous en tout moment. Mais l'image des archives suppose une accumulation de données qui peut nous maintenir dans la perspective de l'avoir : elle paraît devoir se compléter d'une autre, de l'ordre d'un travail ouvrier. L'espace, en l'occurrence, agit comme un lent façonnement d'une matière ductile, jusqu'en ses couches profondes, cette matière étant évidemment nous. Chaque paysage, chaque lieu contemplé et exploré, chaque être côtoyé, apportent à cette matière une retouche, si imperceptible soit-elle. Je postulerais volontiers qu'aucune n'est indifférente ou gratuite, mais nécessaire.

Ainsi j'ai feuilleté mes « archives » pour, dans la mesure du possible, saisir quel principe d'ordre les règle. Elles augmentent un peu plus chaque jour, l'inventaire, ou la carte, ne peuvent jamais être complets. Des concentrations apparaissent, des lignes de force que je parviens à situer — c'est déjà beaucoup ! Dans cette exploration les métaphores et les symboles m'aident plus efficacement que la définition de concepts ; plus proches de l'objet m'ont paru le fantasme et l'exercice de l'imagination. Réunir des « archives », dresser des cartes, rêver, marcher, se souvenir, réfléchir, méditer, contempler, sont également nécessaires dans cette entreprise qui consiste à *rendre consciente une expérience de l'espace*, à mieux comprendre ses enjeux, ses voies, son sens. En d'autres termes, à *faire d'une habitude une voie de la transformation*.

Bien d'autres lieux composent mon histoire, que je n'ai pas directement évoqués. Il me faudrait parler des villes, depuis les simples bourgades de la province française, dont le pesant ennui a servi de repoussoir, jusqu'aux mégalopoles américaines. En certaines je fus plus qu'un visiteur : elles furent des haltes, mieux, des foyers qui ont condensé et amplifié un changement intime. J'y ai rencontré la foule, la misère, la beauté, l'épreuve. Je m'y suis mieux connu.

Paris, d'abord, qui, à travers apprentissages et découvertes, séduit et irrite, mais qui, au fil des années et des séjours a perdu de l'aura que mon imagination d'enfant lui attribuait. Londres et Manchester, l'Angleterre de brique, de suie et des glorieuses campagnes de septembre. Tübingen, pour l'étude ardente et la première solitude de l'exil. Québec, où j'ai choisi de faire ma vie d'adulte, où j'ai œuvré et aimé. « Villes d'art ». Venise, Vienne, Bruges, Saint-Pétersbourg, canaux dans la brume lumineuse, parvis et colonnes, musées où m'attendaient le regard de Goya, celui de Rembrandt, arbres, bassins de Versailles, jardins-oasis de Grenade, salles vibrantes de musique... Champs de lavande, amandiers en fleurs, villages de Provence grimpés sur leur butte. Un matin d'Italie, dans le jeune soleil, un village blanc comme des cubes de marbre. Au-dessus des brouillards des vallées, un lac turquoise et l'éclatement des Alpes glacées. Dans les érables de Charlevoix, une colline parmi les cuivres de l'automne. Et Iguazù où, dans l'arc-en-ciel des eaux, me furent donnés l'amour et la promesse. Le « train des nuages » qui effarouche les hardes de lamas m'a conduit haut dans l'air raréfié des Andes, sous le vol immobile des condors. Et cette aciérie rhénane pleine des rugissements des flammes que domptent des hommes-titans... Profils de taureaux et de grands cerfs sur les parois de Lascaux, empreintes de mains, de pieds dans la glaise durcie d'une caverne. Sud algérien où la déréliction était plus redoutable que le soleil abrupt sur la pierre à mica...

Ainsi j'eus la révélation de l'effort et de l'art, et celle de la pensée qui se dégage de la gangue de l'inconscient. J'ai connu de brèves plongées dans la nature fécondante et dévorante, en la Grande Mère dont parlent les mythologies : le feu, profondément enfoui, imaginé et soudain jailli. L'air par les nuées, la brise dans les feuillages et la bourrasque.

Je suis né au milieu des terres, entre plaine et montagnes, loin de la mer que j'ai vue pour la première fois alors que j'étais presque adulte : ce fut du soleil, du vent et des embruns dont je me faisais fouetter pour oublier la houle nauséeuse. Je lisais les odyssées de Jean Bart et du capitaine Cook ; mais aux récits des navigations, je préférais ceux de l'installation insulaire après le naufrage. Souvent, longtemps je me suis livré aux « rêveries de la terre ». Elle m'habite. Dans ses horizons immenses et mouvementés des deux Amériques, de l'Afrique ou de l'Inde, sur lesquels jouent lumière et ombre, où naissent les orages, en ses puissants reliefs, en ses torsions, ses fractures ou ses étalements. Et dans ses fonds, ses structures minérales vers lesquels plongent un puits, une caverne. La terre surgit dans les descriptions, les dessins que je trace, j'en cherche le rappel chez les peintres, de Ruysdael à Corot, de Cézanne à Sisley. Rêveries de l'enfouissement, du repos mais aussi du trésor caché, de l'or à purifier, de la pierre précieuse à trouver...

Je m'aperçois que maintenant, en moi, autour de moi, l'eau coule de partout. Mes croisières n'ont pas été nombreuses ou elles furent brèves, et j'ai emprunté le traversier plus que le paquebot. Mais je vois quotidiennement le fleuve, dans le spectacle permanent de ses marées et de ses humeurs, de ses navires et de ses oiseaux. Le retour et le départ des outardes, la rare présence du héron, la réapparition des mouettes ponctuent l'année. Peut-être en même temps, et sans que je perde contact avec le minéral, un courant circule-t-il plus librement en moi, pour une mise à flot intérieure, un appareillage.

La mémoire volontaire, soucieuse de répertorier et de livrer un inventaire complet, s'est donc mise au travail et risque de ne plus renoncer ! Je peux glisser aisément vers la dispersion, m'engager dans une entreprise impossible puisque, en fin de compte, chacun des instants de notre vie est indissolublement lié à l'espace. Mais tout en étant conscient de l'arbitraire de ma démarche, j'isole, je repère des récurrences, des fixations. Je constate que je suis ainsi poussé (ou conduit ?) vers ce que je pourrais appeler des *moments-lieux* d'une charge particulière. Je peux composer un florilège de mes lieux magiques, je les veux immuables, toujours fidèles au rendez-vous avec leur poids de marbre, d'or, de roc, de terre et de siècles. Des multitudes les ont avant moi fréquentés, ou bien je suis seul à les connaître. Le sentier de promenade tourne ou plonge, le train débouche avec fracas de la tranchée, le soleil envoie un rayon avant que les nuages à nouveau l'effacent : l'éphémère m'a livré un miracle. Des fougères découpées sur les broussailles et les mousses, des tulipes en transparence près d'un étang, un rocher qui fend la mer, simplement un tas de feuilles mortes que je ramasse... Une fraction de seconde dans l'écoulement de la durée, ou bien sa suspension, un au-delà du temps ?

En cherchant la ligne qui réunit ces « moments-lieux », je vois apparaître un dessin, qui est celui de ma vie secrète. Celui de mon destin, pourrais-je dire. Je suis alors éclairé, mon ancrage mieux assuré, je ne suis plus tout à fait étranger à moi-même. Il me semble que là je me rejoins, je regagne ma maison...

Parfois, le mystère n'est pas celui de la plénitude, mais du trouble, de la souffrance diffuse, de la peur. Villes crépusculaires désertées où brûle encore une lampe, lune plantée comme un I dans un lac, forêts ombreuses où luisent des yeux, landes que traversent les rafales, les chevauchées des guerriers de jadis, les spectres ou les démons, escaliers d'où montera peut-être l'innommable, miroirs qui conservent le reflet d'un absent... Les peintres symbolistes, d'Odilon Redon à Munch et Böcklin, ont décrit avec prédilection ces lieux de l'angoisse. Quand nous franchissons un seuil, gravissons un étage, contournons un rocher à un moment particulier du jour ou de la nuit, nous poigne un malaise, ou la terreur. Réminiscences de notre enfance ou de celle de l'humanité, projections de notre inconscient, figures des monstres que fabrique notre mental — ou bien plus ?

Par toute la planète, en un universel réseau de sites et d'architectures, nous célébrons la beauté de la nature et celle qu'a créée l'homme, les deux souvent accordées. Mais au mont Saint-Michel, dans le soubassement même de « la Merveille », je ne peux oublier cette grande roue de bois qu'actionnaient les prisonniers, ni les caches dans les murs où l'on enfermait des hommes. À Versailles, combien d'ouvriers morts pour que la gloire du roi brille sur l'univers ? Un prix à payer, dira-t-on. À Montségur, à la citadelle de Massada, une foi a été proclamée, dira-t-on encore, une patrie défendue à Verdun, dans la boue et le feu. Mais Auschwitz, les charniers de Katyn, ceux du Cambodge, de Bosnie, du Rwanda ? Sur toute la planète encore se tisse et s'étend sans cesse un réseau des hauts-lieux du meurtre et de l'horreur.

La vie exaltée là, sa splendeur, sa fécondité, sa puissance toujours renaissante. Ici, la mort. La distance qui sépare ces lieux est-elle tellement grande ? En relisant les pages qui précèdent, je constate que la mort affleure un peu partout : forêts, sable, bord de mer, paysages qui brûlent ou glacent, qui ensevelissent, qui dévorent — ou peu s'en faudrait. Pente au long de laquelle je suis, à mon insu, entraîné ? Peut-être bien aussi qu'en ces endroits, je touche de plus près la jonction de la vie et de la mort, je m'engage dans un invisible couloir qui les relie.

Ce réseau de lieux générateurs de vie, ce réseau des lieux de la mort, dans notre expérience individuelle comme en celle de l'humanité entière, ne coïncident-ils pas aussi ? N'ai-je pas, par exemple, perçu au profond d'une forêt la présence d'une force qui m'exalte et qui pourrait m'anéantir ? Expérience à double versant parce que cette force elle-même est double ? Ou parce qu'elle peut s'inverser et qu'il doit nécessairement en être ainsi ? Au Golgotha, il a fallu la mort d'un homme pour que vivent les autres... Mais qu'est cette nécessité, à quelles fins, dans quel plan entre-t-elle ?

Une question inévitable se pose : que se passe-t-il en ces lieux privilégiés ? Plus précisément, en ces conjonctions de l'espace et du temps, qu'elles soient propres à un individu ou qu'elles soient répétition des mêmes effets en des points donnés de la terre, fréquentés en une chaîne ininterrompue par les générations ?

Des références se présentent en désordre, croyances et théories qui, cependant, se fondent sur le même principe. Les géomanciens chinois enseignaient que la terre, comme l'être humain, est parcourue d'invisibles méridiens par lesquels circule une énergie dont il faut tenir compte pour bâtir sa demeure. Pour le biologiste Sheldrake, les lieux gardent le « souvenir » des événements qui s'y sont produits : nous y sommes donc soumis à l'action de « champs morphogénétiques » constitués de toute l'énergie qui a été mise là en action. La moderne « hypothèse Gaïa » reprend l'antique conception de la terre vivante qui évolue, dépérit, se régénère comme tout organisme. Nous interrogeons maintenant les Amérindiens pour qu'ils nous instruisent des secrets de la terre et des créatures qu'elle porte. Le chamanisme et le druidisme remis à l'honneur et au goût du jour, évoquent la nature peuplée d'esprits et de divinités. Et nous sommes prêts, comme les anciens Romains, à aller consulter la sibylle de Cumes dans son antre... Dans ce « néo-paganisme » nous distinguons mal le besoin d'insolite amplifié par la mode d'avec la tradition authentique.

Processus physiques et chimiques, manifestation des énergies subtiles ou action d'entités invisibles... Toute explication vaut sans doute à un niveau donné pour des phénomènes dont nous entrevoyons à peine encore la nature et la portée. Aucune ne peut être écartée ou discréditée *a priori*, parce que cette expérience de l'espace nous conduit vers un au-delà des concepts clairs de la pensée rationnelle et qu'elle appelle un autre mode de connaissance. Une très ancienne sagesse comme le Tao, et la physique quantique, telle que David Bohm et Fritjof Capra nous l'expliquent, postulent que l'homme et l'espace sont faits d'une même étoffe, qu'elle soit ondes ou particules, de la même énergie, animée des mêmes courants, soumise aux mêmes lois. Mais, par indifférence ou cécité, nous arrêtons-nous vraiment à considérer ces extraordinaires perspectives et à en tirer des leçons pour notre propre gouverne ?

Partout autour de nous la souffrance s'accroît, violence, misère matérielle et morale, oppression, non seulement à l'échelle collective que décrivent les enquêtes, mais dans l'humble secret des individus. Simultanément nos vies sont prises dans un courant d'abstraction galopante (l'étymologie dit : « séparation, isolement »). L'effet évident s'en fait sentir dans l'uniformisation à laquelle rien ne paraît devoir échapper : habitat, loisirs, alimentation, travail, rapports sociaux, modes de communication et de pensée. La réalité humaine est convertie en données numériques, « digitalisée », pulvérisée en minuscules points qui composent l'image sur un écran. Des instances d'autant plus redoutables qu'elles n'ont pas de visage, nous convainquent, par la séduction ou par la force, qu'il nous faut vivre en conformité avec des modèles (le « profil de carrière » !), avec des lois, (la croissance ne peut être que continue dans nos revenus, dans le profit des entreprises, dans le produit national...). De bons esprits annoncent et justifient l'Âge d'or ;

d'autres (à qui je fais plus volontiers crédit !) nous mettent en garde contre l'utopie du meilleur des mondes. Il existe un rapport direct entre le progrès de la souffrance et celui de l'abstraction dans nos vies. Et je crois, non comme à la vertu d'une panacée mais à celle d'un antidote puissant, à la nécessité de restaurer *maintenant* notre relation avec l'espace sensible.

L'expérience de l'espace opère, en effet, à chacune des trois dimensions de l'être humain : le corps, l'âme (j'entends le psychisme), l'esprit — et elle permet le passage de l'une à l'autre de ces dimensions.

Qu'observons-nous en ces lieux privilégiés ? Il est manifeste que notre corps y est animé dans ses fonctions musculaire, respiratoire, circulatoire et nerveuse. Les sens se trouvent mobilisés, avec une intensité particulière. Il nous semble alors être coordonné, activé à plein régime : plus vigilants, plus réceptifs, plus prompts à réagir, à accomplir le geste juste, en éveil.

Notre activité psychique s'accroît elle aussi, et il devient alors difficile, sinon arbitraire de la distinguer de son support corporel. C'est comme si, soudain, nous nous trouvions placés en des points de radiations qui augmentent nos élans et nos désirs, nos perceptions et l'exercice de l'imaginaire. Comme si, soudain, des possibles étaient entrevus et que notre vie se haussait à un niveau inespéré. Je me souviens ainsi de l'ivresse qui s'emparait de moi quand, après une rude montée, je débouchais sur le vaste plan d'herbes ployées par le vent qui s'étend au sommet du Puy-de-Dôme...

Tel le géant Antée de la mythologie grecque lorsqu'il sentait le sol sous ses pieds, nous retrouvons alors notre force. En certains lieux s'opère un rassemblement — à peu près et en en élargissant le contenu, ce que Julien Gracq nomme des « agrégats de rencontre ». Les composent tout ensemble une poussée vers un foyer, au sens de lieu originel, protecteur et nourricier ; des éléments culturels collectifs fournis par la tradition, des rappels d'événements historiques ; nos propres références à la littérature, aux arts, à la philosophie, aux spiritualités, donc à un savoir ; nos intuitions qui dépassent le connu. Le disparate de nos sources, de nos acquis, de nos expériences s'unifie : nous avons alors la certitude d'avoir gagné notre demeure. Ces lieux sont peut-être à deux pas, dans un coin de parc ou de jardin, à l'orée d'un bois, auprès d'une fenêtre de notre maison, et c'est comme si nous y recevions des grâces. Ces lieux nous deviennent *sacrés*.

Point n'est forcément besoin de courir aux antipodes pour recevoir ces grâces. Les maîtres spirituels l'ont répété et, cela va de soi, je reconnais avec Pascal le bien fondé de l'illusion qu'il dénonce, c'est-à-dire la fuite de soi-même dans le mouvement, mais je crois tout banalement à l'exigence d'aller aussi « voir ailleurs ». Nous ne revenons pas indemnes — du moins faut-il l'espérer ! — d'un bidonville mexicain, d'une cité de l'Inde, de huttes africaines à la limite du désert. Pouvons-nous donc encore, tels ces paysans de la campagne française que j'ai connus il y a un demi-siècle, ne jamais sortir de notre village ? La mondialisation ne peut pas être qu'un phénomène économique ou un nouveau thème démagogique auquel nous devons massivement sacrifier. Le passage à une vision mondiale est bien — et je ne fais ici que suivre mes inspirateurs, comme Teilhard ou Ken Wilber — la tâche à laquelle nous devons totalement nous consacrer. Elle implique de changer notre vision, c'est-à-dire de la « décentrer », de la libérer de ses fixations sur nos intérêts d'individus, de groupes, de nations, et par conséquent, de réaligner nos efforts.

La tâche est immense, illimitée sans doute, pour nombre de générations à venir. J'ai essayé de baliser une voie, ou un sentier... Peut-être d'autres voudront-ils s'y engager. Regardons ces jeunes gens — que nous avons été ou que nous sommes encore —, souvent séduits par l'errance volontaire. Ils s'y adonnent pendant quelques années, ou bien ils répriment ce désir qui, dès lors, risque de fermenter comme un mauvais levain. Cet élan premier demande qu'on le suive, à la mesure de chacun, si modeste soit elle : sentir et recevoir, écouter « l'esprit du lieu »... S'ouvrir à l'arbre et à la pierre, à la source et à la maison, à la glaise, la fleur, l'horizon. Découvrir, dans le face à face avec le monde sensible, que nous sommes tributaires de lui, qu'en lui aussi réside le fondement de la communauté humaine. Faire, à l'instar d'un saint François d'Assise, alliance et amitié avec la Création.

Quand arrivera le temps de la pause, ou du repos, les lieux aimés deviendront nos hauts-lieux intérieurs, leur essence dès lors déposée en nous, fécondante. Ils seront nos symboles régénérateurs que nous pourrons évoquer dans les dérives et dans l'affliction. Ils seront nos repères et nos phares dans notre périple jusqu'à la mort. Et quand aussi ils surgissent dans les paysages de nos rêves nocturnes, rayonnant de clarté ou de lumière noire, ils nous invitent à d'autres départs, qui sont des appels à nous transformer.

Je veux croire que l'expérience de l'espace conduit à celle de l'être pour, ultimement, se confondre avec elle. Toutes frontières et catégories abolies, en ces lieux, en ces instants, nous avons émergé du sommeil, nous sommes sortis des limbes, nous avons reçu les prémices d'une seconde naissance.

ACHEVÉ D'IMPRIMER
EN SEPTEMBRE 1997
SUR LES PRESSES DE AGMV-MARQUIS
MONTMAGNY, CANADA